말씀 심는 엄마

말씀 심는 엄마

백은실

규장

추·천·사

말씀을 향한
믿음과 열정을 가르치는 엄마

　　　　　시편 기자가 "자식들은 여호와의 기업이요 태의 열매는 그의 상급"(시 127:3)이라고 말한 것처럼 자녀는 주님이 우리에게 허락하신 가장 아름다운 선물입니다.

　하나님은 우리에게 그 선물을 소중하게 가꾸어야 하는 의무도 함께 주셨습니다. 하나님의 목적에 맞게 자녀를 양육하기 위해서는 자녀들에게 가장 필요한 것이 무엇인지를 알아야 합니다.

　요즘 엄마들은 너나 할 것 없이 자녀들을 '공부'라는 고삐로 얽어매서 여러 학원으로 끌고 다니기 바쁩니다. 하지만 이런 자녀들은 환난이 왔을 때 모래 위에 세운 집처럼 쉽게 무너져버립니다. 우리는 영원한 하나님나라의 말씀으로 자녀들을 가르쳐야 합니다. 그 말씀이 반석이 될 때 어떤 시험에도 넘어지지 않는 견고한 자가 되는 것입니다.

신명기 6장 4,5절은 '쉐마'라고 하여 이스라엘 백성들이 끊임없이 자녀에게 가르쳐주는 귀한 메시지입니다. '쉐마'는 히브리어로 '들으라'는 말입니다. 쉐마 교육은 어머니 태에서부터 시작됩니다. 어머니가 아이에게 늘 이렇게 말하는 겁니다.

"너는 들어라, 너의 하나님 여호와는 하나이신 여호와시니 너는 일생 동안 마음을 다하고 힘을 다하고 성품을 다하여 주 여호와 너의 하나님을 사랑하라."

아이가 태어나서도 이것을 계속해서 가르칩니다. 누웠을 때에든지 일어날 때에든지, 밖에서나 집에서나 항상 자녀들로 하여금 끊임없이 쉐마를 묵상하며 살아가게 하는 것입니다.

이것이 세계를 보는 눈을 열게 합니다. 전능하신 하나님을 앎으로 이 세계를 보는 눈이 넓어지고, 지혜와 총명이 생기게 되고, 담대한 삶을 살게 되는 것입니다.

이 책은 아무리 강조해도 지나치지 않는 말씀 교육의 중요성을 깨닫고 실천하고 있는 한 엄마의 이야기입니다. 단순한 이론이나 설득이 아닌 두 아이의 엄마인 저자의 경험을 있는 그대로 기록하고 그 속에서 함께하신 하나님을 간증했기에 더 은혜가 되고 의미가 있는 책입니다.

이 책의 저자처럼 태에서부터 말씀을 들려주고 어렸을 때부터 말씀을 암송하게 하는 것은 참으로 귀한 일입니다. 좋은 것은 어려서 배워야 합니다. 어렸을 때 교육이 제일 중요합니다. 하나님이 우리에게 주신 자녀를 어려서부터 하나님의 자녀로 길러야 합니다. 잠언에도 "마땅히 행할 길을 아이에게 가르치라 그리하면 늙어도 그것을 떠나지 아니하리라" (잠 22:6)라고 했습니다.

본 교회의 백은실 집사님은 자녀들을 어렸을 때부터 말씀으로 교육하기 위해 매일매일 힘쓰고 있습니다. 이런 귀한 분이 책을 쓰신 것을 하나님께 감사드리며 책 곳곳에서 느껴지는 말씀을 향한 믿음과 열정을 통하여 많은 부모님들이 도전을 받고 말씀으로 자녀들을 교육하기에 힘쓰기를 바랍니다.

말씀으로 바르게 자라는 아이들은 절대 넘어지지 않습니다. 세상을 이길 힘은 오직 말씀에 있기 때문입니다. 여러분의 자녀들이 말씀을 통해 세상이 감당치 못하는 자녀로 바르게 성장하기를 주님의 이름으로 소망합니다.

김삼환 목사 (대한예수교장로회총회 총회장 · 명성교회 담임목사)

추·천·사

아이의 믿음을 반석 위에 세우는 엄마

"열 길 물속은 알아도 한 길 사람 속은 모른다"라는 속담이 있습니다. 부모라도 자녀의 속마음을 잘 모르거니와 하물며 자녀는 더더욱 부모의 속마음을 알 길이 없습니다. 하나님의 형상을 닮아 지으심 받은 인간이란 참으로 이해할 길 없는 신비한 존재입니다.

저는 어린이를 사랑할 뿐 아니라 두려워하는 편입니다. 어린이의 생각을 어른들이 너무 가볍게 여기는 것을 보면 참으로 안타까움을 금할 길이 없습니다. 303비전성경암송학교 유니게 과정에서 매주 써내는 엄마들의 암송일기를 보면, '현명하고 지혜로운 자녀에 우둔하고 어리석은 엄마'를 많이 만납니다. 엄마의 믿음은 바람에 나는 겨와 같은 데 비하여 어린 자녀의 믿음은 반석 위에 세운 집 같음을 흔히 발견합니다.

이런 세대 가운데 말씀을 암송하고 날마다 가정예배를 드리는 믿음의 가정을 발견하면 얼마나 귀한지 모릅니다. 최근 저의 기쁨은 그런 가정들이 제법 많이 발견되고 있다는 사실입니다. 이 책의 저자 백은실 집사님과 부군 이형동 집사님, 맏아들 조이와 성경암송태교로 태어난 온유를 저는 큰 기대와 보람을 품고 지켜보면서 하나님께 감사를 드리고 있습니다.

조이를 3년 전에 처음 만났을 때에는 생후 16개월둥이가 되어 어찌나 활력이 넘쳐흐르는지 엄마가 조금만 강의에 열중하다보면 어느새 밖에 나가 계단에서 구르기를 반복하던 기억이 납니다. 그럼에도 엄마가 소리를 지르거나 화를 내는 것을 보지 못하였고 언제나 따뜻하게 다독거려 주는 것을 눈여겨보았습니다.

그 조이가 이제는 어엿한 형으로, 말씀을 140절 이상 암송한 '303비전꿈나무 으뜸 모범생'으로, 가정예배 인도자로서 탁월한 모범을 보이는 어린이가 되었습니다.

한편, 철저한 성경암송태교로 태어난 둘째 온유는 백만불짜리 미소로 교회와 동네에서 화제가 되고 있답니다. 온유는 성경암송태교의 살아있는 증거로 믿는 사람은 물론 믿지 않는 사람들까지 온유를 보고 예수님을 믿게 되는 전도자의 사명을 다하고 있습니다.

무엇보다도 놀라운 것은 이 둘의 형제애(兄弟愛)입니다. 조이의 아우 사랑은 '세상에 이런 일이 있을까' 할 정도로 돈독합니다.

저자는 유니게 21기 1, 2단계 훈련을 마치고, 그후 303비전 왐클럽(303Vision Wise Mothers Club)을 통하여 지속적인 암송을 했습니다. 교회로부터는 영의 양식을, 여러 책으로부터 육아 지식을 쌓아가며, 자녀에게 암송 훈련과 성품 훈련을 지속하는 한편, 사모하는 마음으로 성경암송태교를 착실히 행하여 '슈퍼 신인류' 온유를 낳아 기르고 있습니다. 이러한 귀한 지혜를 책으로 엮어내게 되었으니, 하나님의 지극하신 사랑의 섭리에 감사하며, 수많은 이 땅의 젊은 엄마들에게 큰 도전과 도움이 될 줄 믿습니다.

여운학 장로(303비전성경암송학교 교장)

C·O·N·T·E·N·T·S

추천사

 part 1

암송태교로 씨앗 뿌리기

01 품격이 다른 태교 • **14**
02 성령충만한 아기 • **30**

 part 2

성경암송으로 싹 틔우기

03 작은 입술의 고백_암송 시작 • **40**
04 말씀의 새싹을 키우는 방법_암송 실전 • **50**
05 푸른 감람나무처럼_암송의 효과 • **70**

매일 예배로 꽃 피우기
06 복 되고 즐거운 성경암송 가정예배 • 96
07 꼬마 예배자로 세우라 • 114
08 기도의 용사로 키우라 • 124

성품 훈련으로 열매 맺기
09 순종과 정직으로 칭찬받는 아이 • 144
10 섬김과 절제로 사랑받는 아이 • 162

엄마는 말씀의 숲 정원사
11 부지런하고 지혜로운 말씀 엄마 • 178
12 하나님 앞에서는 엄마도 아이 • 196

저자의 말

살아 있는 하나님의 말씀으로 태교를 하는데
어찌 역사가 일어나지 않을 수 있을까 하는 생각에
전적으로 공감하며 성경암송태교에 귀를 기울이게 되었다

성경암송태교로 태어난 아가들은
하나같이 잘 웃고 낯가림도 하지 않고
밤에 자다가 깨어도 울거나 잠투정을 하지 않고
건강하게 잘 자라며
태어날 때부터 가지고 나온 성품(性品)인 품성(稟性)이
온유(溫柔)하다는 장로님의 말씀은
내가 그토록 원하던 아이의 모습이었다
첫아이 때 고생을 많이 했기 때문에
둘째는 정말 이런 성품의 아이가 태어나길 간절히 바랐다

암송태교로 씨앗 뿌리기

1장 품격이 다른 태교
2장 성령충만한 아기

품격이 다른 태교

: 성경암송태교에 눈을 뜨다

세상에는 내로라하는 태교법이 너무나 많다. 동요나 클래식 음악을 들려주고, 엄마가 요가나 명상을 하기도 한다. 아이가 영재가 되길 바라면서 수학이나 영어 태교를 하기도 한다.

하지만 나는 성경암송을 하고 성경암송태교를 알게 된 후부터 그 모든 것이 헛되다는 것을 알았다. 살아 있는 하나님의 말씀으로 태교를 할 수 있었던 것은 너무나 큰 은혜였다.

나도 첫아이 때부터 성경암송태교를 했던 것은 아니다. 대부분 젊은 부부들이 그렇듯 첫아이의 임신과 출산은 나와 남편에게도 기쁨이면서 당황스러움 그 자체였다. 아이를 위해 무엇을 어떻게 해야 할지 난감하기만 했다. 여러 태교 방법을 알고는 있었지만 직장 생활을 하고 있던 나에겐 너무나 힘든 숙제일 따름이었다.

그나마 크리스천이라는 최소한의 양심으로 성경적인 태교를 한다는 것이 아침에 시편 한 장, 자기 전에 잠언 한 장 읽는 것과 가끔 일하면서 듣는 찬양과 태교 음악이 고작이었다. 당시 광고 디자이너로 일을 하던 나는 일에 욕심과 포부가 컸기에 출산 2주 전까지 온갖 스트레스를 받아가며 일했고, 야근과 밤을 새는 날들이 많았다. 이런 나의 삶이 아이에게 치명적인 영향을 주리라곤 전혀 생각지 못했다.

태어난 아이는 밤과 낮이 바뀐 정도를 넘어서 밤새 칭얼거리며 잠을 자지 않았다. 아이를 업은 채 아침을 맞이하는 날이 허다했다. 남편이 함께 있었더라면 교대라도 했겠지만 당시는 주말부부여서 그럴 수도 없었다. 아이를 업고 밤새 버텨야 하는 날이 많아지자 육체적인 피로가 쌓여갔고, 영적으로도 피폐해져갔다.

아이는 자랄수록 더 산만했고 천방지축이었다. 두 돌이 되기 전에 여섯 번이나 응급실을 들락거렸다. 크고 작은 사고로 아이 몸의 어딘가가 찢어져 꿰매야 하는 일들이 다반사였다. 이런 때마다 늘 아빠의 자리는 비어 있었고, 피를 철철 흘리는 아이를 보며 수습해야 하는 상황은 고스란히 나의 몫이었다. 어쩌면 아이 양육으로 인해 힘들었던 것보다 혼자 해내야 한다는 외로움과 두려움이 더 컸는지도 모르겠다.

그렇다고 한탄만 하고 있을 수는 없었다. 절박한 심정으로 이것저것 보이는 대로 자녀교육서를 읽었다. 하지만 세상적인 성공으로 이끄는 것에만 초점을 둔 책들이 대부분이었다. '정말 이것이 다일까' 하는 생각이 들었다.

평소 성경적인 자녀교육에 관심을 갖고 있던 차에 최에스더 사모님의 책 《성경 먹이는 엄마》를 읽었다. 한 장 한 장 읽어 내려가는데 가슴이 뛰었다. 결론은 하나님의 말씀이었다.

나는 책을 읽자마자 성경암송과 성경적 자녀양육에 대해 배우기 위해 '303비전성경암송학교'에 등록했다. 그곳에서 나는 멘토이자 스승이며 아버지와 같은 여운학 장로님을 만나게 되었다.

장로님은 엄마가 성경암송태교로 출산한 아이는 지금까지와는 전혀 다른 차원의 '신인류(新人類)'라고 하시며 신인류에 대한 기대와 소망에 삶을 바치신 분이셨다. 지금도 장로님은 기회가 될 때마다 많은 엄마들에게 성경암송태교를 권면하신다.

훗날 둘째의 잉태 소식에 그 누구보다 더 기뻐하시고 축복해주신 분이 장로님이셨다. 장로님의 권유를 받고 성경암송태교를 몸소 실천하여 아이를 낳은 엄마들은 참으로 복받은 사람들이다. 나 역시 그 복을 받았다.

: 두 번째 하나님의 상급

솔직히 처음에는 장로님의 말씀이 크게 와 닿지 않았다. 암송을 시작했지만 첫째 아이로부터 아직 그 효과를 입증받지 못했을 뿐 아니라 성경암송태교를 해서 태어난 아이를 실제로 본 적도 없었다. 그러나 장로님의 말씀을 신뢰할 수 있었던 이유는 하나님의 말씀으로 태교를 한다는 사실 때문이었다.

> 하나님의 말씀은 살아있고 활력이 있어 좌우에 날선 어떤 검보다도 예리하여 혼과 영과 및 관절과 골수를 찔러 쪼개기까지 하며 또 마음의 생각과 뜻을 판단하나니 히 4:12

살아 있는 하나님의 말씀으로 태교를 하는데 어찌 역사가 일어나지 않을 수 있을까 하는 생각에 전적으로 공감하며 성경암송태교에 귀를 기울이게 되었다.

성경암송태교로 태어난 아가들은 하나같이 잘 웃고, 낯가림도 하지 않고, 밤에 자다가 깨어도 울거나 잠투정을 하지 않고, 건강하게 잘 자라며, 태어날 때부터 가지고 나온 성품(性品)인 품성(稟性)이 온유(溫柔)하다는 장로님의 말씀은 내가 그토록 원하던 아이의 모습이었다. 첫아이 때 고생을 많이 했기 때문에 둘째는 정말 이런 성품의 아이가 태어나길 간절히 바랐다.

내가 암송학교를 거치면서 암송의 기본기가 다져지고 암송이 체질화될 때쯤 하나님께서 태의 문을 열어주셨다.

사실 그 전부터 둘째가 생기기를 기도하면서 간절히 기다렸지만 쉽지 않았다. 첫째가 너무 쉽게 생겼던 터라 둘째도 바로 주시는 줄 알았다. 그러나 새 생명의 잉태는 인간의 노력으로 될 수 있는 부분이 아니었다. "자식들은 여호와의 기업이요 태의 열매는 그의 상급"(시 127:3)이라고 하신 말씀처럼 하나님이 한 생명을 주시는 것은 상급이며, 그 상급을 받는 것이 얼마나 놀랍고 경이로운 일인지 다시금 깨닫게 되었다.

지금 생각해보면 둘째 아이의 잉태에는 신실하신 하나님의 계획하심이 있었던 것 같다. 만약 내가 원했던 때에 아이를 주셨더라면 첫 아이에게 했던 것처럼 일반적인 태교를 했을 것이다. 하지만 하나님께서는 성경암송을 통해 말씀이신 하나님을 내 안에 모셔들여 엄마인 나를 영적으로 미리 준비케 하셨다. 그리하여 말씀을 배 속에 있는 아이에게도 심어주어 생명과 인생이 시작되는 태내에서부터 말씀으로 충만하게 하신 것이다.

: 성경암송태교를 실천하다

임신 초기에는 성경암송태교를 어떻게 해야 하는지 몰라 우왕좌왕했다. 성경암송으로 태교를 한다고 마음은 먹었지만 처음에는 많이 낯설고 어색했다. 어떻게 시작해야 할지 몰라 난감해하는 내게 장로님께서 간단명료한 답변을 주셨다.

"행복하고 즐거운 마음으로 말씀을 암송하되 늘 감사하고 기뻐하면 됩니다."

성경암송태교라고 해서 거창하고 심도 깊은 무언가를 해야 되는 건 아닌가 하며 고민했었는데 너무 간단하고 쉬운 방법이었다. 엄마가 행복한 마음으로 말씀을 묵상하며 암송을 하다보면 성령께서 은혜를 주시고, 주신 은혜에 감사하게 되면 그로 인한 기쁨과 평안이 고스란히 태아에게 전달되는 것이다. 말씀으로 인해 산모와 태아가 행복을 누리는 것이야말로 간단하지만 효과적인 최고의 태교법인 것이다.

또한 장소와 시간을 불문하고 언제 어디서나 암송하는 말씀으로 묵상하며 태교할 수 있다는 게 큰 장점이다. 엄마에게 말씀 암송에 대한 사모하는 마음만 있으면 충분하다. 엄마가 아이와 함께 살아계신 주님을 찬양하고, 생명의 말씀을 태아에게 날마다 공급해주는 것이야말로 그 어떤 음식보다 훌륭한 영양분을 제공하리라 믿는다.

1. 말씀을 엄마의 목소리로 많이 들려주기

둘째 아이가 배 속에 있을 때 엄마 목소리로 말씀을 최대한 많이 들려주는 것을 1순위로 삼았다. 말씀을 소리 내어 읽어주는 것도 좋지만 엄마가 암송한 말씀을 들려주는 것이 몇 배나 좋은 방법이다.

《사랑받기 위해 태어날 생명》이라는 태교 책에서 태아에게 암송해주면 좋은 말씀을 추천한 것이 있었는데 놀랍게도 암송학교 유니게 1단계 과정 안에 다 있는 말씀이었다. 이미 암송하고 있는 말씀이어서 언제 어디서나 아이에게 암송해줄 수 있었다.

암송을 할 때는 배에다 손을 얹고 문지르면서 아이에게 말했다.

"온유야, 엄마가 말씀 암송해줄게요. 온유도 잘 듣고 마음에 새기고 은혜받아요."

시편 23편의 말씀을 예로 들어보면, 내가 먼저 암송을 하고 은혜를 받는다. 그러고 나서 아이의 이름을 넣어서 암송해준다.

"여호와는 온유(태아의 이름)의 목자시니 온유가 부족함이 없으리로다. 그가 온유를 푸른 초장에 누이시고 쉴만한 물가로 인도하시는도다."

그런 후에 말씀에 있는 목자이신 하나님과 선하시고 인자하신 하나님의 성품을 얘기해주고, 말씀대로 살도록, 말씀의 축복이 온유에게 임하기를 기도해주었다. 한 말씀으로 '암송' '묵상' '기도'가 다 해결되는 일석삼조의 태교법이다.

또한 첫째와 매일 가정예배 때 암송을 하면서 꾸준히 온유에게 말씀을 들려줄 수 있었다.

온유에게 말씀을 암송해줄 때면 대답하듯 내 배를 퍽퍽 차는 걸 느끼면서 '설마 얘가 다 듣고 반응하는 건 아니겠지, 우연일 거야' 했다.

그런데 시간이 지날수록 그냥 차는 게 아니라는 것이 확실해졌다.

"온유야, 축복해. 엉아(형아)가 말씀해줄게."

하루는 조이가 신명기 6장 5절 말씀을 암송해주었더니 온유가 들리는지 속에서 난리가 났다. 어찌나 힘 있게 차는지 얼른 조이 손을 대주었더니 조이도 깜짝 놀랐다.

"엄마, 엄마 배 '아야' 해요."

조이는 처음으로 태동을 느끼고는 울먹였다.

"조이가 온유한테 암송해주니까 온유가 좋다고 그러는 거야. 온유가 되게 좋은가보다. 그치?"

"응."

계속해서 내가 고린도전서와 신명기, 시편 말씀을 암송해주었다. 암송을 다 하고 조이와 온유에게 "이 말씀과 같은 축복이 조이와 온유의 삶에 가득 넘치길 기도해요" 했더니 신기하게도 조이는 '응'으로 온유는 발차기로 동시에 대답을 했다. 이것이 성경암송태교의 묘미가 아닐까 싶었다.

예정일을 100일 앞둔 날, 장로님께서 출산일이 103일 남은 날에 시편 103편을 암송해주라고 말씀하셨던 것이 기억났다. 나는 시편 100편을 암송했다. 아이의 이름을 넣어가며 줄어드는 날짜대로 시편을 암송할까도 생각해봤는데 그건 포기했다. 도저히 매일 새로운 시편을 암송하는 것이 힘들어보였다. 대신 날짜에 맞게 시편을 묵상하고 아이에게 들려주었다.

큐티를 할 때도 "온유야, 엄마랑 같이 큐티 하자" 하고 본문 말씀을 크게 읽어주고 완전한 인격체로 대하며 모든 것을 소리 내어 함께 했다.

엄마가 가지고 있는 감정에 따라 태아의 정서와 태내의 환경이 결정된다고 한다. 항상 하나님 말씀으로 무장된 엄마를 통해 영양 만점 말씀을 공급받으며 태내에서 성령의 감동을 받고 태어난 아이를 생각해보라. 그 아이는 말할 수 없는 안정감과 평안함을 느끼게 될 뿐 아니라 인생의 주관자이며 인도자이신 창조주 하나님을 자연스럽게 인정하며 자라게 될 것이다.

2. 엄마의 기도 소리로 아침을 깨우기

새벽기도를 통해 엄마로부터 듣는 첫 목소리가 기도 소리가 되도록 했다. 한 태교 책에서 새벽기도를 하지 않으면 아이에 대한 기대를 버리라는 요지의 글을 읽었다. 그 글을 읽고 난 후 긴장감 때문인지 새벽기도를 소홀히 할 수 없었다.

임신 중에는 잠도 많아지고 몸도 힘들고 이것저것 방해되는 요소가 많아 새벽기도가 참 힘들었다. 어떤 날은 분명 기도한다고 엎드렸는데 방바닥에 널브러져 자버리기도 했다.

몇 번을 반복하다보니 습관이 되어서 새벽에 무릎을 꿇는 것이 그 다지 힘들지 않았다. 뭐든 첫 시작이 참 중요한 것 같다. 하고자 하는 마음을 가지면 하나님께서 도와주시는 걸 경험한다.

물론 낮에 졸리기도 하고 피곤하기도 했지만 암송하는 말씀으로 힘을 얻었다. 피곤한 나에게 능력을 주시고 무능한 나에게 힘을 더해 주셨기에(사 40:27-31) 나 같은 사람도 해낼 수 있었던 것 같다.

참 감사한 것은 함께 암송하는 동역자를 주신 것이다. 암송학교 과정을 마치고 암송의 지속을 위해 같은 모둠에 있던 분들과 암송 모임을 만들었다. 한번은 모두가 기도의 필요성을 느끼고 새벽 깨우기를 함께했다. 일주일씩 돌아가면서 새벽 5시에 문자를 보내서 깨워주는 것이다. 기도의 시간을 놓치지 않는 데 많은 도움이 되었다.

새벽기도가 힘들면 아침 기도도 좋다. 하루의 첫 시간을 하나님께 드리기를 작정하고, 하늘 보좌를 움직이는 기도를 드림으로 엄마의 삶이 기쁨으로 넘치는 것이 중요하다.

또한 엄마의 기도 소리를 듣고 자라는 태아가 영적으로 민감해지고, 태내에서부터 기도하는 것을 배우며, 세상의 나쁜 소식을 듣는 것이 아니라 능력의 말씀, 살아있는 진리의 말씀을 통해 태내에서부터 경건하게 예배드리는 훈련과 습관이 만들어지는 것이 얼마나 큰 축복인지 생각해본다.

그때 새벽을 깨우면서, 나의 기도를 입고 자라는 온유가 참 복덩이라는 생각을 했다. 엄마의 신앙까지도 온유로 인해 재정비되었으니 말이다.

기도할 때 막상 어떻게 해야 할지 감이 안 잡힌다면 시중에 나와 있는 기도문을 이용하는 것도 좋다. 나는 《자녀를 위한 365일 축복기도문》이라는 책을 참고했다. 태내에서부터 장성할 때까지 할 수 있는 좋은 기도문이 많이 수록되어 있는데, 특히 성경적인 인물을 지정해서 축복기도를 해주는 부분을 잘 활용했다. 마지막에는 그 어떤 인물들보다 예수님 닮은 아이가 되게 해달라고 기도했다.

> 아브라함처럼 믿음으로 순종하게 하소서
> 요셉처럼 꿈꾸는 자가 되게 하소서
> 사무엘처럼 주님의 음성을 듣게 하소서
> 사도바울처럼 복음에 사로잡히게 하소서

요일별로 내용을 정해두고 지속적으로 기도하는 것도 좋다.

화요일: 건강한 눈이 되게 하소서(좋은 눈, 밝은 시력, 성경을 읽는 눈) 모든 영적인 비밀들을 볼 수 있는 눈, 하나님나라를 볼 수 있는 눈이 되도록 축복하소서

이런 식으로 요일마다 머리, 눈, 귀, 입, 손, 발의 주제로 기도하는

기도문인데, 암송학교 강사이시고, 말씀 중심의 자녀양육에 모범을 보이시는 김은희 집사님께서 만드신 기도문이다. 날마다 기도했고, 지금도 문 앞에 붙여두고 볼 때마다 아이들에게 기도해준다.

온유가 엄마의 기도 소리를 들을 수 있도록 꼭 소리를 냈다. 새벽이라 목소리도 걸걸하고 잘 나오지 않았지만 아가는 엄마의 목소리에 가장 익숙하기에 소리 내는 것을 원칙으로 했다. 온유도 그 시간이 되면 일어나서 엄마의 목소리를 듣고 태동으로 반응을 했다.

먼저 주님을 찬양하고 말씀을 천천히 암송해준 뒤 태동하는 부위에다 손을 올리고 축복하며 '사랑한다'고 얘기해주었다. 순산과 아이의 건강, 배 속에서부터 성령충만하기를 구체적으로 기도했다. 온유뿐 아니라 나에게도 영적으로 큰 도움이 되는 귀한 시간이었다.

3. 가족 모두 축복하기

가족 모두가 배 속 온유에게 축복하는 것을 생활화했다. 남편은 기회가 있을 때마다 배 위에 손을 얹고 암송해주거나 축복을 해주고, 나 역시 늘 배를 쓰다듬으며 축복하다보니 옆에서 보던 조이도 엄마 배만 보면 "온유야, 사랑하고 축복해" 하며 축복해주는 형이 되었다.

마지막엔 내가 "하나님이 엄마 아빠보다 너를 더 많이 사랑하신단다" 하고 얘기해주었다.

그리고 자주 구원자로서 예수님의 사랑을 알려주었다.

"예수님이 온유의 생명의 주인이시란다. 또한 온유를 위하여 십자가에서 피를 흘려 죄를 용서하여 구원해주셨단다. 예수님이 온유의 구세주시란다. 예수님이 너를 너무나 사랑하신단다. 엄마도 아빠도 조이 형아도 온유를 너무나 사랑해. 사랑하고 축복해. 온유야."

하루는 잠자기 전 남편이 배에 손을 올려 온유에게 이런저런 얘기를 했는데 아빠 손이 있는 쪽으로 아이가 움직이는 게 느껴졌다. 남편이 "온유야, 아빠야" 하고 얘기하는 동안 온유가 손이 있는 자리에 계속 있는 게 느껴졌다. 첫째 때와는 또 다른 신비함과 기쁨이 있었다. 사람들이 둘째, 셋째 낳는 이유를 알 것 같았다.

축복이 중요한 이유는 아이가 배 속에서부터 자신이 사랑받고 있는 존재임을 알게 되고 하나님의 아들이라는 정체성을 심어줄 수 있기 때문이다.

임신 초기부터 첫째 조이에게 엄마 배 속에 있는 동생이 사랑해주고 축복해주어야 하는 대상임을 알려주고 기도하게 했더니 동생을 향한 질투가 전혀 없었다. 아침에 자고 일어나면 꼭 동생에게 먼저 가서 안아주고 사랑한다고 축복해주는 모습을 보며 축복의 중요성을 깨닫게 된다.

부모가 아이에게, 아이가 부모에게, 남편이 아내에게, 아내가 남편에게 축복해주는 시간을 아끼지 말아야 한다. 첫아이가 있다면 꼭 엄마 배 위에 손을 올려 기도하게 하고, 배에 뽀뽀도 하는 등, 배 속에 있는 동생이 사랑해야 하는 존재임을 계속해서 알려주는 것이 중요하다.

"형제가 연합하여 동거함이 어찌 그리 선하고 아름다운고"(시 133:1) 하는 말씀이 감격적으로 와 닿으며 간증할 일이 생긴다. 가정에서부터 아낌없이 축복하는 것을 배울 수 있게 하자.

4. 찬양과 음악 들려주기

우리 집은 텔레비전을 보지 않은 지 3년쯤 되었다. 텔레비전을 보는 것보다 보지 않는 유익이 더 큰 것 같아 유선방송을 끊어버렸다. 대신 찬양곡이나 클래식을 즐겨 듣는다. 이렇게 해서 자연스럽게 음악 태교를 할 수 있었다. 엄마가 평안을 느낄 수 있는 음악을 듣는 것도 좋은 태교 방법이라고 생각한다.

나는 되도록 찬송을 많이 했다. 태아가 엄마의 목소리를 통하여 노래로 하나님을 찬양하고, 하나님께 감사하는 고백을 듣고 자라면 주님을 찬양하는 것이 자연스럽지 않을까 생각했다.

조이의 방해가 있었지만 하루에 30분 이상은 피아노를 치면서 찬양하려고 애썼다. 그중에서도 찬송가 〈나의 생명 되신 주〉 곡에 여운학 장로님이 가사를 붙이신 〈태교의 노래〉를 부르면서 어찌나 감사가 되었는지 모른다.

1절

말씀이신 내 주여 주의 사랑 감사합니다

주의 크신 은혜로 주의 자녀 주셨사오니

낮이나 밤이나 주를 찬송하겠네

말씀 암송하면서 주의 사랑 찬양합니다

4절

세상 모든 사람들 말씀 태교 신비 모르나

주의 말씀 태교로 빛된 자녀 품게 하소서

이 영혼 이 가정 주의 도구 삼으사

주의 크신 역사로 신인류를 창조하소서

    나약하고 부족한 내가 이 모든 것들을 완벽하게 할 수 있었던 것은 아니다. 때로는 마음이 가라앉기도 하고, 무기력해지기도 하고, 아이와 실랑이하며 정신없이 하루를 보내기도 했다.

    하지만 배 속에서 신호를 보내는 온유를 생각하며 마음과 생각을 지키려고 노력했다. 힘들고 지쳐 넘어졌을 때, 암송하는 말씀으로 힘을 얻어 일어서는 과정을 반복하다보니 어느새 열 달이 지나갔다. 성경암송태교는 말씀이신 하나님을 내 안에 모셔 들이기만 하면 누구나 쉽고 편하게, 은혜 가운데 할 수 있는 최고의 태교법이다.

태초에 말씀이 계시니라 이 말씀이 하나님과 함께 계셨으니 이 말씀은 곧 하나님이시라 요 1:1

생명의 시작인 태내에서 하나님의 말씀으로 충만하게 한다는 것이 얼마나 귀하고 감사한 일인지 새 생명을 잉태하는 모든 엄마들이 깨닫기를 기도한다.

02 성령충만한 아기

: 말씀 자장가

열 달 동안 성경암송태교를 하며 기다렸던 아이는 달라도 확실히 달랐다. 배 속에서부터 엄마 목소리를 통해 들었던 말씀이라 더 친근하게 느꼈는지 말씀을 너무나 좋아했다. 암송을 해주면 눈을 동그랗게 뜨고 방긋방긋 웃으며 경청을 했다.

한번은 이런 일이 있었다. 송구영신 예배 후 새벽까지 잠을 못자 리듬이 깨진 온유를 재우는 게 여간 쉽지가 않았다. 잘 때 틀어주는 클래식을 들려주고 자장가도 불러주고 찬양을 해줘도 한번 터진 울음이 쉽사리 그치지 않았다.

　마지막 히든카드로 울든 말든 아이를 눕혀놓고 나도 누워, 아이 머리 위에 손을 얹고 귀에다 속삭이듯 말씀을 암송했다. 온유를 잠잠케 한다기보다는 인내심의 한계점에 이른 나를 위한 조치였다. 그런데 서서히 온유의 울음이 줄어들더니 어느새 새근새근 잠을 자고 있는 것이 아닌가!

　왜 미련한 엄마는 처음부터 이 생각을 못했단 말인가. 후회와 반성을 거듭하며 잠든 온유에게 끝까지 말씀을 들려주었다. 배 속에 있을 때 배 위에 손을 얹고 조용하게 들려주던 엄마의 손길과 목소리를 기억하는 게 분명했다. 다음날은 아빠의 시편 말씀을 들으며 평안하게 잠이 들었다. 신인류 온유에게는 그 어떤 음악이나 자장가보다 평안하고 포근한 것이 말씀이었던 것이다.

　장로님께서 왜 암송태교를 그토록 강조하셨는지 온유를 보면서 점점 더 깨닫게 되었다. 나와 조이는 암송의 지속화와 체질화를 위해 힘을 다해 노력하고 또 노력했다. 하루라도 페달을 밟지 않으면 옛 생활로 돌아가는 것은 시간 문제였다.

　하지만 온유에겐 이 모든 일들이 너무나 당연했다. 태어나기 전부터 엄마 배 속에서 했던 암송과 예배이기 때문이었다. 아직 어리지만 지금까지는 암송하고, 예배하고, 기도하는 것을 당연히 여기고 그 시간들을 재밌게 즐기는 모습이다. 한편으로는 암송이 익숙한 온유가 지속의 어려움을 모르는 것이 오히려 당연하다는 생각도 들었다.

처음 조이와 암송을 시작했을 때는 아이가 '이걸 왜 하나?' 하는 눈빛으로 따라 하지도 않고 멍하게 앉아서 엄마만 쳐다봤던 시간들이 있었다. 물론 말을 할 수 없는 시기였기에 그러기도 했겠지만 몸에 배어 있지 않았기에 암송을 시작하는 것부터 지속하는 일들이 조이에게는 어려움이 있었다.

하지만 온유는 예배드리자는 한 마디에 즉각 반응을 보이며 성경책을 가지고 와서 자리 잡고 앉아 박수를 쳤고, 머리와 상체를 좌우로 흔들며 찬양을 부르고, 예배가 끝나면 박수를 치며 기뻐했다.

태내에서부터 말을 할 수 있는 시기까지 불과 몇 개월밖에 되지 않지만, 말씀을 암송하고 매일 가정예배를 드리는 것이 당연하다고 생각하는 아이와 그렇지 않은 아이의 차이는 정말 큰 것 같다. 어리면 어릴수록 그 효과가 극대화될 수 있기에 태에서부터 말씀을 마음에 새기는 것이 정말 중요함을 새삼 실감한다. 태의 문을 열어주시기 전 엄마가 암송이 체질화되어 있다면 더할 나위 없는 최상의 조건이다.

: 백만불짜리 미소

온유는 신생아 때부터 거의 울지 않았다. 신생아는 하루에 평균적으로 3시간 정도 울어야 정상이라고 한다. 말 못하는 아기의 표현 방법이 울음인데 울지 않는다면 분명 이상이 있거나 문제가 있는 것이다.

하지만 온유는 거의 울지 않았다. 그래서 처음엔 '무슨 문제가 있는 게 아닌가' 하는 생각도 들었다. 하루 종일 울음소리가 나지 않는 날이 대부분이었다. 심지어 옆집에서 아이가 태어난 걸 몰랐을 정도였다.

신생아 때도 밤중 수유를 하지 않았을 정도로 아침까지 너무나 잘 잤다. 배가 고파도 뭔가 불편해도 끙끙거리는 게 다였다. 혹 울음이 터졌더라도 안아주면 금방 그쳤고, 자고 일어나서도 칭얼거리지 않고 방긋 웃어주었다. 모든 게 첫아이와는 너무나 달랐다. '슬픔이 변하여 기쁨이 되게 하시는 주님'께서 늘 온유 가운데 평안으로 함께해주심을 증거할 수밖에 없었다.

지금도 온유는 어딜 가나 인기 만점이다. 사람들에게 백만불짜리 미소를 끊임없이 보여주기 때문이다. 미소는 사람들의 마음을 열어준다. 하물며 방긋 웃는 아기의 미소야 오죽하겠는가.

하루는 감기 기운이 있어 병원에 갔는데, 진찰받는 동안 온유가 연신 미소를 보내자 의사 선생님이 말씀하셨다.

"병원에 오면 다른 아이들은 진료도 하기 전에 우는데 너는 뭐가 그리 좋으니? 하하하!"

온유가 백일 기념사진을 찍을 때였다. 감기 기운이 남아 있어 컨디션이 좋지 않을 거라는 우리의 예상을 깨고, 온유의 미소는 어김없이 모두를 놀라게 했다.

"아니, 무슨 애가 이리도 잘 웃어요? 촬영하면서 안 웃겨도 혼자 이렇게 잘 웃는 애는 처음 봅니다. 너무 웃으면 사진마다 눈이 안 보여서 곤란한데 말이죠. 온유야. 이제 웃지 말아봐."

한번은 날이 너무 따스해서 바깥 공기도 쐴 겸 온유를 데리고 잠깐 집 앞에 나갔다. 여기저기 두리번거리며 바깥세상을 구경하고 있는 온유를 동네 할머님이 발견하셨다.

"어디, 순둥이 많이 컸나 보자."

온유는 기다렸다는 듯이 함박웃음으로 할머님을 맞이했다.

"고놈 어찌 이리 이쁘누."

할머님은 지나가시는 할머님들을 모두 부르시더니 마치 친손자 자랑하시듯 하셨다.

"형도 참 착하고 이쁜디, 얘두 참 이쁘지? 이제 딸 하나만 더 낳으면 되어. 너무 건강하구 순둥이여."

이렇게 온유는 하루 종일 웃고 있다고 해도 과언이 아닐 정도로 너무나 잘 웃는다. 아이의 해맑은 미소로 동네 분들에게 행복을 드릴 수 있어 감사하다. 이런 아이의 미소로 복음을 전하면 금상첨화일 것이다. 우리는 온유의 웃음을 '생명 미소'라고 부른다. 흔히 사람들을 행복하게 만드는 미소를 '살인 미소'라고 한다. 미소로 사람을 죽이는 게 아니라 살리라는 의미로 여운학 장로님께서 생명 미소라고 불려주셨다. 이 생명 미소도 하나님께서 태에서부터 기쁨과 행복을 채워주셔서 가능한 모습이다.

: 소리 내서 울기는 하니?

온유(溫柔)는 이름 그대로 참 온유한 성품을 지니고 태어났다. 외출을 해서도 집 안에서도 가끔 온유를 잊어버릴 때가 있을 정도다. 특히 기어 다니기 전엔 있는지 없는지 몰랐을 정도로 순해서 '아 참! 온유가 있었지' 하며 챙길 정도였다.

하루는 친구를 만나서 함께 식사를 하는데, 이것저것 요구 사항이 많은 조이를 따라 왔다 갔다 하느라 잠시 온유를 친구에게 맡겨두었다. 친구가 신기하다는 표정으로 물었다.

"온유가 소리 내서 울기는 하니? 지금까지 내가 안고 있는 동안 정말 찍소리도 없다. 정말 순하다. 나도 애들 둘 키웠지만, 이런 애는 처음 본다."

온유도 운다. 소리 내어 울기도 한다. 다만 잘 울지 않는다는 말이다. 나는 암송태교에 관심을 갖는 친구에게 암송태교의 전도사가 되어 한참을 설명한 뒤 셋째까지 권유했다.

온유가 어릴 때부터 선한 영향력을 주고 있음에 감사하다. 온유를 보고 아기를 갖기 원하시는 분이 생겼고, 태명을 온유라 지으신 분도 있고, 암송태교에 눈을 뜬 사람도 있고, 하나님에 대해 인정하는 사람들도 생겼다.

하나님께서 여자들에게 주신 특권은 생명을 잉태하고 그 생명에게 믿음의 유업(遺業)을 전수하는 것이다. 믿음의 유업을 전수하는 것은 하나님나라의 확장을 위한 엄마들의 거룩한 사명이다. 그 사명은 성경암송태교로부터 시작되어야 한다. 생명이 시작되는 태에서부터 말씀으로 채워진다면 그 아이에게 성령의 놀라운 역사와 은혜가 함께 할 것이기 때문이다.

> 그가 사모하는 영혼에게 만족을 주시며 주린 영혼에게 좋은 것으로 채워주심이로다 시 107:9

✽ 암송태교의 10가지 열매 ✽

1. 임산부의 마음에 기쁨과 평화가 넘칩니다
2. 임산부의 신앙이 반석 믿음으로 자랍니다
3. 임산부의 기도가 영적으로 성숙해집니다
4. 신혼부부 생활이 지상천국 이루며 삽니다
5. 태아의 영혼과 육체가 건강하게 자랍니다
6. 태아의 정서가 참으로 평안하게 자랍니다
7. 태아의 성품이 밝고 맑고 지혜로워집니다
8. 하나님의 성령이 날마다 새 힘을 주십니다
9. 하나님의 가정에 성령의 열매가 맺힙니다
10. 하나님의 나라가 이 땅에 세워져갑니다

— 여운학, 《말씀이 너무너무 좋아서》 중에서

"태초에 하나님이 천지를 창조 하시니라 아멘!"
"때때에 하따따따 떤디루 탄다 하시시시 아문!"
'아! 이럴 수가, 드디어 조이가 1절을 암송하다니…'
몇 단어밖에 말하지 못하던 아이가
창세기 1장 1절 긴 문장을 나를 따라 처음 암송을 했다
'나에게도 이런 일이… 드디어 시작이구나.'
암송학교에 다니면서 매번 아들 앞에서 혼자 중얼거리며
암송하는 것이 외로웠는데 동반자가 생겼다고 생각하니
무척 감격스러웠다.
아이가 처음 '엄마' 라고 불렀을 때의 감동 못지않은 큰 기쁨이었다
'앞으로 100절, 200절 암송할 때 그 기쁨은 얼마나 클까?'
생각만 해도 부자가 된 듯 해 그날 나는 쉽게 잠들지 못했다

성경암송으로 싹 틔우기

3장 작은 입술의 고백 _ 암송 시작
4장 말씀의 새싹을 키우는 방법 _ 암송 실전
5장 푸른 감람나무처럼 _ 암송의 효과

작은 입술의 고백 | 암송 시작

: 엄마는 성경 과외 선생님

　아이들을 양육하면서 다른 건 몰라도 '성경 과외'만큼은 꼭 시키자고 결혼 전 남편과 약속했다. 아이들의 영을 살리는 일인 만큼 필수불가결한 일이라 생각했기 때문이다. 하지만 그 과외 선생님이 내가 될 줄은 꿈에도 생각지 못했다. 그것도 성경을 암송하게 될 줄이야.
　하나님께서 아이들에게 가장 좋은 선생님으로 나를 지목하신 것에 대해 처음에는 부담이 컸지만 아이들에게 말씀을 먹이면 먹일수록 일찍 깨우쳐주심에 감사했다.

303비전성경암송학교 유니게 과정을 통해 암송을 시작하고, 신명기 6장 4절에서 9절까지를 암송했을 때 하나님께서 자녀양육에 대한 목표와 나의 사명을 확실히 알게 해주셨다.

> 이스라엘아 들으라 우리 하나님 여호와는 오직 유일한 여호와이시니 너는 마음을 다하고 뜻을 다하고 힘을 다하여 네 하나님 여호와를 사랑하라 오늘 내가 네게 명하는 이 말씀을 너는 마음에 새기고 네 자녀에게 부지런히 가르치며 집에 앉았을 때에든지 길을 갈 때에든지 누워 있을 때에든지 일어날 때에든지 이 말씀을 강론할 것이며 너는 또 그것을 네 손목에 매어 기호를 삼으며 네 미간에 붙여 표로 삼고 또 네 집 문설주와 바깥문에 기록할지니라 신 6:4-9

하나님께서는 미련한 내게 성경을 자녀에게 부지런히 가르치며, 강론해야 함을 깨닫게 해주셨고, 구체적인 방법들도 알려주셨다. 성경 암송을 통해 말씀을 자녀의 마음판에 심고, 그 말씀이 살아 역사할 때까지 포기하지 않고 교육해야 하는 것이 부모의 사명이자 곧 나의 사명이라는 것 또한 깨닫게 해주셨다. 나는 하나님께서 맡겨주신 자녀를 하나님이 원하시는 대로 세워가기 위해서 완전하고 확실한 하나님의 말씀을 붙들었다.

말씀 중심의 삶이 가져다주는 은혜는 말할 수 없는 기쁨과 평안이다. 여호와의 율법은 완전하여 영혼을 소성시킨다고 하셨다(시 19:7). 영혼을 소성케 하는 말씀을 새기고, 그것을 주야로 묵상하는 사람이야말로 진정 복 있는 사람이다.

> 또 어려서부터 성경을 알았나니 성경은 능히 너로 하여금 그리스도 예수 안에 있는 믿음으로 말미암아 구원에 이르는 지혜가 있게 하느니라 모든 성경은 하나님의 감동으로 된 것으로 교훈과 책망과 바르게 함과 의로 교육하기에 유익하니 이는 하나님의 사람으로 온전하게 하며 모든 선한 일을 행할 능력을 갖추게 하려 함이라 딤후 3:15-17

말씀 안에 하나님의 사람으로 온전하게 하는 모든 것이 있음에 놀라지 않을 수 없다. 성경 속에 있는 교훈과 가르침들이 아이들의 삶의 영역에 고스란히 녹아질 때 마음을 다하고 뜻을 다하고 힘을 다해 하나님을 사랑하는 사람으로 성장할 줄 믿는다.

> 내 양은 내 음성을 들으며 나는 그들을 알며 그들은 나를 따르느니라
> 요 10:27

말씀을 새기는 것은 단순히 암송으로 그치는 것이 아니라 하나님 음성에 민감할 수 있는 특별한 안테나를 가지는 것이다. 심겨진 말씀

으로 하나님의 음성을 듣고 순종할 수 있도록 하나님 마음과 주파수를 맞추는 것과 같다. 나는 아이들이 말씀을 암송하며 하나님께 안테나를 잘 세우고 주파수를 잘 맞춰, 이 세대를 본받지 않고 하나님의 선하시고 기뻐하시고 온전하신 뜻이 무엇인지 분별하는(롬 12:2) 사람으로 자라길 기도하며 도울 뿐이다.

2009년 현재, 다섯 살이 된 조이는 한글로 144절, 영어로 12절의 말씀을 암송한다. 조이는 말도 늦은 편이었고 암송도 늦었다. 나는 천천히 아이의 기질과 형편에 맞게 서두르지 않고 지속하는 것에 초점을 맞췄다. 암송을 시작했던 초기에는 말할 수 없는 고충으로 포기하고 싶었던 적이 한두 번이 아니었다. 그럼에도 중도에 그만두지 않을 수 있었던 가장 큰 이유는 아이의 조그만 입에서 말씀을 따라할 때 느끼는 감격과 기쁨 때문이었다.

간혹 아이가 놀면서 뭔가 중얼거리는데 들어보면 말씀이었다. 자기도 모르게 외운 말씀이 흘러나오는 것을 볼 때의 흥분과 기쁨은 말로 다 표현하기 어려웠다.

: 아이를 통해 경험한 하나님의 손길

첫아이 출산 후 백일밖에 안 된 아이를 어린이집에 맡기고 회사에 복직을 했다. 몸은 떨어져 있지만 머리와 마음은 늘 아이에게 있었기에 최선을 다하고 싶었다. 시간마다 불은 젖을 짜서 냉동시키고 하루에 몇 번씩 어린이집에 전화를 해서 아이의 안부를 확인하고 또 확인했다. 혹시라도 누가 아이의 근황에 대해 물어오면 눈물을 삼키느라 애를 먹었다. 야근이 많았던 터라 어린이집이 끝난 후에도 아이를 다른 분에게 맡겨야만 했다.

그렇게 3주가 흘렀을까. 아이의 눈빛이 변하기 시작했다. 이 사람 저 사람 손에서 왔다 갔다 하면서 적지 않은 충격을 받은 것 같았다. 하루는 남편이 어린이집에 아이를 데리러 갔다가, 벽을 향해 모로 누워 자는 아이를 보고는, 집에 와서 아이를 부둥켜안고 눈이 붓도록 울었다.

그날 남편은 퇴근한 내게 조심스럽게 부탁을 했다. 하나님께서 우리에게 맡겨주신 소중한 아이를 더 이상 다른 사람들에게 맡기지 말자는 것이었다. 우리의 생활은 하나님께서 책임져주실 테니 아이를 위해 내가 퇴직할 것을 권유했다. 나는 조금의 망설임 없이 수락했다. 그렇게 프로 디자이너로서의 삶이 아닌 전업주부의 삶이 시작되었다.

나의 전업주부 선포에 주위 분들은 많이 안타까워하셨지만 나에겐 더할 나위 없는 기쁨과 행복을 가져다주었다. 내 인생에 있어 결정해야 하는 일들이 수없이 많지만 가장 잘했다고 생각되는 일이 그때 아이를 위해 모든 것을 내려놓은 일이다. 그 내려놓음이 없었더라면 지금의 은혜 또한 누릴 수 없었을 것이다.

지금까지 살아오면서 참 많은 은혜를 받고 하나님의 사랑을 경험했지만 특별히 아이와 함께한 시간 속에서 넘치는 사랑과 은혜를 경험했다. 작은 것 하나까지도 놀랍고 섬세한 방법으로 우리의 필요를 채워주시는 주님의 손길을 느꼈다. 아이에게 필요한 장난감이며 옷가지 등 하나님의 손길이 미치지 않은 것들이 없었다. 하나님께서는 때에 따라 채워주시고, 하나님의 방법으로 입히시고 먹이시고, 지금까지 함께해주셨다.

내가 아이들을 보면서 느끼는 사랑이, 하나님께서 나를 보며 느끼는 사랑에 몇 만분의 일도 안 되겠지만, 부모가 되어 하나님 아버지의 마음을 조금이라도 알 수 있어 감사하다. 지금까지 채워주신 것처럼 앞으로도 아이들의 삶에 놀라운 은혜로 함께하시리라 확신한다.

> 나의 하나님이 그리스도 예수 안에서 영광 가운데 그 풍성한 대로 너희 모든 쓸 것을 채우시리라 빌4:19

: 암송의 세계로 들어가다

내가 처음 암송을 시작할 때가 조이가 16개월 되던 무렵이었다. 초보 엄마였던 나는 아이가 성장할수록 자녀교육에 관심을 갖게 되었지만, 앞서 말했듯 어디서부터 시작해야 할지 몰랐다.

여느 엄마들처럼 아이에게 좋다고 하는 고가(高價)의 책들도 구매하고, 문화센터도 데리고 다니며 이런저런 방법들을 동원해보기도 했다. 그렇게 하면서도 아이에게 올바른 교육을 하는 것인지 확신할 수 없었다.

그때 눈물을 삼키고 두 시간여 만에 읽은 《성경 먹이는 엄마》는 내 안에 있던 자녀양육에 대한 갈증을 완전히 해소해주었다. 결론은 오직 '말씀'뿐이었다. 나는 성경암송 교육에 대한 확신을 갖게 되었고 책을 읽은 다음날 303비전성경암송학교에 문의를 했다. 다행히도 당시 유니게 과정이 성남의 한 교회에서 열리고 있는 것을 알게 되었다. 나는 곧장 전화상으로 등록을 하고 암송학교가 열리는 교회로 갔다.

여운학 장로님께서 "성경암송은 말씀이신 하나님을 내 안에 모셔 들이기 위한 거룩한 작업이며 즐거운 수고와 노동이다"라고 성경암송의 정의를 말씀해주셨다. 이와 함께 30년 후에 이 나라를 이끌어갈 우리의 자녀들이 어려서부터 하나님의 말씀을 먹고 자라게 하자는 '303비전'에 대한 말씀을 하시는데 온몸이 전율하는 느낌이었다. 30년, 60년, 100년을 내다보는 303비전에 우리 가정이 택함받은 것이 너무나 감사했다. 성령님의 이끄심으로 내 안에 강한 확신이 서게 되었고, 암송의 지속과 체질화를 위해 첫 발걸음을 옮겼다.

'열심이 특심'이라고 했던가. 매주 서울에서 성남까지 육중한 조이를 업고 다니며 암송에 매진했고, 유니게 21기 1, 2단계를 수료하게 되었다. 2단계로 끝나는 것이 아쉬웠던 찰나 같은 모둠에 있던 네 분의 집사님과 '거룩한 매임'을 만들어 암송을 지속하기로 의견이 모아졌다. 곧 '303비전 왐클럽(303vision wise mother club)'이 만들어졌고 매주 함께 모여 암송예배를 드리고 새로운 말씀을 암송하며, 성경적인 자녀 양육에 대해 함께 고민하고 기도했다. 2년 넘게 함께한 이 거룩한 매임이 없었더라면 암송의 지속과 체질화는 꿈도 못 꾸었을 것이다. 모든 것들을 예비해주시고 인도해주신 주님께 감사할 뿐이다.

∶ 어! 암송이 되네

내가 유니게 1, 2단계를 통해 200절의 성경암송을 마치고, 조이가 20개월이 좀 넘었을 때였다. 아이를 재우면서 슬쩍 물었다.

"조이야, 엄마랑 암송 열심히 할 거지?"

"응."

"그럼 엄마랑 한번 해볼까?"

"응."

씩씩하게 대답을 하는 게 전과는 좀 다른 반응인지라 얼른 짧은 구절부터 해보자 싶어 창세기 1장 1절을 암송했다.

내가 먼저 "태초에" 했더니 아이가 "때때때" 했다.

"하나님이"

"하따따따"

"천지를"

"떤디루"

"창조"

"탄다"

"하시니라"

"하시시시"

"아멘!"

"아문!"

그리고 모두 이어서 암송해보았다.

"태초에 하나님이 천지를 창조 하시니라 아멘!"

"때때때 하따따따 떤디루 탄다 하시시시 아문!"

'아! 이럴 수가, 드디어 조이가 1절을 암송하다니….'

몇 단어밖에 말하지 못하던 아이가 창세기 1장 1절 긴 문장을 나를 따라 처음 암송을 했다. 발음은 부정확했지만 음절을 그대로 따라 하는 것이 너무 신기했다. 얼른 남편에게 전화를 걸어서 아이의 암송 소리를 들려주었다. 남편도 깜짝 놀라며 기뻐했다.

'나에게도 이런 일이… 드디어 시작이구나.'

암송학교에 다니면서 매번 아들 앞에서 혼자 중얼거리며 암송하는 것이 외로웠는데 동반자가 생겼다고 생각하니 무척 감격스러웠다. 아이가 처음 '엄마'라고 불렀을 때의 감동 못지않은 큰 기쁨이었다.

'앞으로 100절, 200절 암송할 때 그 기쁨은 얼마나 클까?'

생각만 해도 부자가 된 듯 해 그날 나는 쉽게 잠들지 못했다. 더 이상 암송학교 강의 시간에 소리 지르며 떠들고, 강대상을 안방 삼아 오르락내리락 하던 조이가 아니었다.

이후 창세기 1장 1절에 이어 신명기 6장 5절, 시편 23편 1절을 따라하게 했다. 그러던 어느 날 조이가 엄마는 하지 말라며 자꾸 내 입을 막았다. 나는 아이가 암송을 하기 싫어서 그런 줄 알고 야단부터 쳤다.

"안 돼, 따라해!"

그런데 이게 웬일인가! 조이가 혼자서 암송을 하는 것이었다. 아이는 서툰 발음으로 열심히 말씀을 암송했다.

"여호아는 나에 모짜시니 내게 부조캄이 옵수이오다!"

(여호와는 나의 목자시니 내게 부족함이 없으리로다.)

"노눈 마음우 다학오 뜨드 다학오 히무 닷여 네 한임 여오아드 사당하다!"

(너는 마음을 다하고 뜻을 다하고 힘을 다하여 네 하나님 여호와를 사랑하라.)

매일 반복적으로 시키긴 했지만 생각보다 빨리 스스로 암송하는 아이를 보며 너무나 기뻤다. 이 모습을 기뻐받으실 하나님께 먼저 감사하고 영광을 돌렸다. 그후로 한동안 아이는 새로운 구절을 따라하라고 하면 아는 구절을 혼자 한다고 고집을 부리기도 했다. 혼자 할 수 있다는 자신감이 생긴 것이었다.

04

말씀의 새싹을 키우는 방법 | 암송 실전

: 엄마가 먼저 은혜 받는 암송

꾸준히 암송을 지속하면서 조이가 총 45절의 성경을 암송하게 되었다. 나는 45절을 아이와 함께 암송한 후에, 평소 암송하던 시편 128편 말씀을 온유에게 들려주었다. 암송을 하는데 갑자기 다음 단어가 생각나지 않았다. 조이에게 암송책(유니게 1,2단계 암송 구절만 따로 모아 만든 책자)을 갖다달라고 부탁했다. 책을 건네면서 조이가 말했다.

"엄마, 이거 보려고요?"

"응. 엄마가 갑자기 생각이 안 난다. 뭐더라?"

나는 암송책을 넘기며 말씀을 찾고 있었다.

"엄마, 그러면 안 되지. 암송책 보면서 하면 안 되지. 조이도 안 보고 하는데 엄마가 보고 하면 안 되지!"

"…알았어."

나는 얼른 훑어보고 덮었다. 그리고 다시 암송을 했다.

"그렇지~ 옳지! 잘하네. 온유야, 엄마가 되게 잘하지?"

"…."

내 말투 그대로 잘한다고 칭찬해주는 조이를 보며 결심했다.

'아이들 앞에서는 정확하게 기억나는 말씀만 하리라. 그리고 뒤에서 열심히 복습하자!'

아이와 함께 암송을 하면서 하나님께서 아이들에게 무한한 능력을 주신 것에 대해 놀라움을 금치 못할 때가 많다. 글자를 보며 외우는 나는 매번 틀리고 잊어버리는데 아이는 글도 모르고 그저 내가 들려주는 것만 듣고도 수십 절을 외우니 말이다.

아이에게 뒤처지지 않기 위해서라도 엄마 역시 부지런히 말씀을 암송하며 되새겨야 한다. 엄마는 하지 않으면서 아이에게만 강요한다는 건 어불성설(語不成說)이다. 엄마가 열심인지 아닌지는 아이들이 더 정확히 알고 있기에 엄마가 본을 보이며 함께 말씀을 암송해야 엄마의 영적 권위가 세워지고 아이들도 그 권위에 순복하게 되는 것이다. 이것이 내가 암송에 더 분발할 수밖에 없는 이유다.

엄마 자신에게도 유익함은 말할 필요도 없다. 나는 암송을 하고 말씀 안에 거할 때 성령님이 내 안에 운행하시는 것을 경험한다. 아이들을 양육해야 하는 모든 상황 가운데 정확하게 말씀을 통해 인도해주시고, 권면할 일이 있을 때에도 말씀으로 권면할 수 있도록 깨닫게 해주신다.

하나님의 말씀을 많이 먹고 마음에 더 많이 새길수록 말씀으로 아이들을 양육할 수 있는 노하우가 축적되는 것이다. 말씀이신 하나님이 내 안에 계셔서 감사하고 행복한 경험을 엄마가 먼저 하자.

: 말씀을 대하는 태도를 가르치라

조이가 늘 즐겁고 기쁘게 암송하는 것만은 아니다. 자기가 어렵다고 생각하는 말씀을 암송할 때나 길다고 여겨지는 구절을 암송할 때면 울기 일보 직전의 목소리로 암송하거나, 짜증 섞인 목소리로 암송할 때가 있다.

"엄마가 해줘요. 음, 그 다음에 뭐지? 그 다음에 뭐더라? 음…."

하기 싫어서 몸을 꼬고 드러눕고 난리도 아니다.

"엄마랑 같이 해요. 조이는 모르겠어요."

다 아는 말씀도 짜증 부리면서 못하겠다고 하기 일쑤였다.

처음엔 울며 겨자 먹기로 끝까지 암송을 시켰다. 그런데 하나님의 말씀을 새기는 거룩한 일에 짜증이 웬 말이며 울음이 웬 말인가 하는 생각이 들었다. 그래서 항상 암송할 때는 큰 소리로 씩씩하게, 예쁜 목소리로 해야 하는 거라고 일러주었다.

어느 날 조이가 또 울음을 삼키며 억지스럽게 암송을 하고 있었다.

"조이야, 하나님 말씀을 그렇게 하기 싫은 목소리로 하면 하나님이 기뻐하실까?"

"(울음이 섞인 목소리로) 아니요."

"그러면 어떻게 하는 게 좋을까?"

"씩씩하게 예쁜 목소리로 암송해야 돼요."

"그러면 지금 하지 말고 예쁜 목소리 나올 때 하자. 지금 조이가 그런 목소리로 하면 말씀도 잘 생각 안 나고 하나님도 기뻐하시지 않을 거야."

아이가 두 손으로 눈물을 닦으며 말한다.

"네, 엄마! 예쁜 목소리로 하려고 하는데 자꾸만 눈물이 나와요."

"알았어. 그럼 눈물이 안 나올 때까지 엄마가 기다릴게. 조이가 눈물이 안 나오고 예쁜 목소리 나오면 그때 다시 엄마한테 얘기해. 알았지?"

몇 분이 흘렀을까. 다른 일을 하고 있는 내게 아이가 달려와 말했다.

"엄마~! 이제 눈물이 안 나와요. 예쁜 목소리로 할 수 있어요. 나 암송할래요."

가끔은 자기의 감정을 조절하지 못해서 드러눕거나 떼를 쓰는 아이들을 본다. 그런 아이를 보고 엄마 역시 감정을 조절하지 못하고 화를 내기도 한다. 엄마와 아이 모두가 하나님의 말씀을 경외하며, 기쁨으로 암송할 수 있도록 성령님의 도우심을 구하는 기도와 노력을 게을리해서는 안 된다.

명랑하고 활발하며 에너지가 넘쳐흐르는 조이는 의외로 수줍음이 많다. 처음엔 조이의 이런 기질 때문에 내 뜻대로 되지 않아 속상하고 힘들었던 적도 많다. 교회에서 간증할 일이 생겼는데, 조이의 암송을 들을 수 있겠냐는 부탁이 있었다. 그래서 조이에게 암송 선포를 부탁했다. 조이는 하겠다고 약속했는데, 막상 사람들이 많은 곳에 서자 쑥쓰러움 때문인지 그 산을 넘지 못했다. 집에서 암송하는 모습을 녹화한 것이 있어 그것으로 대체를 했다. 아쉬운 것이 사실이지만, 아이의 기질이기에 되도록 이해해주려고 노력해왔다.

그러나 최근 들어 인정할 부분은 인정해줘야 하지만 바뀌어야 할 부분이 있다는 걸 깨닫게 되었다.

남편과 함께 사역하는 목사님 댁에 온 가족이 식사 초대를 받았을 때의 일이다. 조이가 성경을 암송하는 것을 익히 아시는 목사님께서 조이의 암송 시범을 권하셨다.

그러나 조이는 부끄럽고 못하겠다는 이유로 하지 않았다. 계속 안 하겠다는 아이에게 강요하기도 그렇고 해서 그만두게 했다. 모임을 마치고 돌아오는 차 안에서 남편이 의미심장한 말을 꺼냈다.

"조이야, 앞으로 말씀 암송해야 하는 자리에서 빼지 말고 무조건 해. 정말 힘들고 어려운 상황이라면 아빠가 감안하겠지만 그렇지 않으면 해야 하는 거야. 복음을 알고만 있고 전하지 못한다면 아무 쓸모가 없어. 그건 하기 싫다고 안 하는 그런 게 아니야. 하나님 명령이야. 알고 있는 복음을 나누고 전파해야 하나님의 능력이 드러나는 거야. 말씀 암송하는 것도 똑같아. 네가 암송하는 걸 보고 다른 사람들이 도전받을 수도 있고 또 조이를 통해 하나님이 큰일을 하실 수도 있어.

그리고 할 수 있으면서 못 하겠다고 하는 것은 거짓말이야. 엄마 아빠 앞에서 할 수 있으면 다른 사람들 앞에서도 잘할 수 있어. 말씀을 선포하는 일은 부끄러운 일이 절대 아니야. 너무나 멋지고 기쁜 일이야. 큰 소리로 씩씩하게 선포할 수 있어야 해. 알았지?"

"네."

남편의 말을 들으며 나도 공감했다. 하나님께 쓰임받기 위해서는 때로 자신의 한계도 뛰어넘을 줄 알아야 한다. 말씀을 선포하는 일은 부끄러운 일이 아니다. 못해서 창피 당할까봐 미리 겁먹고 뒤로 뺄 일도 아니다. 하나님이 영광을 받으시는 일이라면 하기 싫어도 순종해야 함을 나도 깨달았다.

: 성경암송이 최우선순위

최근까지 조이는 아침에 일어나면 제일 먼저 좋아하는 책을 보거나 장난감을 가지고 놀았다. 하루의 첫 시작이 장난감이거나 책인 것에 대해 아빠가 제동을 걸었다.

아침에 일어나면 하나님 생각, 예수님 생각을 먼저 하자는 거였다. 그런 의미에서 우리의 목자가 되시고 쉴만한 물가로 인도해주시는 주님을 기대하고 소망하며 시편 23편을 암송하게 했다. 아이가 시편 23편이 나의 고백이 되도록 암송을 하고 난 후 다른 것을 할 수 있도록 한다.

텔레비전을 못 보는 조이에게 유일하게 허락된 영상매체는 유아비디오다. 하지만 이것도 낮에 일정 시간만 허락하는지라 아이에게 이 시간은 정말 금쪽같은 시간이 아닐 수 없다. 하지만 비디오를 보기 전에 어김없이 거쳐야하는 것이 있었으니 바로 암송이었다.

이뿐 아니라 무엇을 하든지 조이가 원하는 것을 하기 전에 암송을 시킨다. 우선순위를 철저하게 가르쳐주고 싶어서였다. 예전에는 일일이 암송 안 하면 못 본다고 설명을 하고 억지로든 반강제로든 암송을 시킨 후에야 보여줬는데, 어느 정도 익숙해지면서는 비디오를 가져와 옆에 두고 내 앞에 앉아서는 성경책 펴는 손유희와 더불어 스스로 암송을 했다.

한번은 조이의 사촌동생 지민이가 놀러왔다. 11개월이라는 월령 차이가 있지만 조이는 1월생, 지민이는 12월생으로 나이는 동갑이다. 동갑이라기엔 덩치나 말하는 거나 조이가 형에 가깝다. 두 녀석이 이것저것 하면서 노는데 지민이가 비디오를 보겠다고 꺼내온 모양이었다. 조이가 지민이를 붙잡고 물었다.

"이거 보고 싶어? '뽕뽕이' 보고 싶어?"

"응."

"이거 보려면 암송해야 돼. 암송 몰라? '말씀' '아멘' 몰라?"

조이는 말을 제대로 못해서 대부분 '응'으로만 일관하는 지민이가 답답했나보다.

"이거 보려면 암송해야 되니까 따라해. 지민아, 따라해."

"시편 1편 전편 1절부터 6절까지의 말씀. 복 있는 사람은 악인의…."

한참을 혼자 하다가 지민이가 멍하게 앉아 있으니까 "말씀 안 하면 못 봐, 지민이 보지 마" 하더니 이내 비디오를 뺏어서 제자리에 갖다놓았다. 결국 비디오를 못 본 지민이는 울고, 조이는 뭔가 해냈다는 뿌듯함에 의미심장한 미소를 지었다.

아이가 암송에 익숙해지면서는 자신이 암송하고 싶은 말씀을 하나 하도록 했다. 처음엔 최근 암송한 구절을 하더니 갈수록 갈라디아서 2장 20절 같은 짧은 구절을 하다가, 급기야 다급한 목소리로 "엄마, 창세기 1장 1절 할게요" 하는 것이 아닌가.

원하는 것을 하기 전 단순한 통과의례로 암송을 하자는 의미가 아니다. 무엇을 우선으로 할 것인가의 문제인 것이다. 밥을 먹기 전에 암송을 하는 가정도 있다. 이것 또한 육의 양식을 먹기 전에 영의 양식을 먼저 챙기라는 의미이다. 매일 시간의 십일조를 드리지는 못하더라도 모든 일을 하기 전에 하나님을 생각하자는 의미가 우선이어야 한다.

그후로는 엄마가 암송할 구절을 정해준다. 조이는 내 앞에 와서 "엄마, 뭐 할까요?" 라고 묻고, 나는 주로 새로 암송한 구절을 하게 한다. 가끔씩 요한복음 15장 전체를 암송하게도 하고, 아이의 눈빛을 보고 적당한 구절을 낼 때도 있다.

하나님을 경외하고, 하나님만 바라는 삶을 위해 해야 할 것이 많아 보이지만 결국에는 '말씀'이 전부다. 이 말씀만 붙들면 평탄하고 형통케 되는 복을 누릴 수 있다. 어려서부터 이런 마음가짐을 위한 훈련은 중요하다.

: 이렇게 암송하라

나에게 있어 조이랑 암송하는 일은 여간 힘든 일이 아니었다. 워낙 활동적이고 어쩔 땐 산만하기까지 한 조이를 차분하게 데리고 암송한다는 것은 엄청난 인내를 요하는 힘든 일이었다.

글을 읽을 줄 모르는 아이가 그림도 없는 책에 눈을 맞출 리 없었고, 눈은 저쪽에 있는 장난감을 향해 있기 일쑤였다. 엄마의 암송 소리를 듣는지 안 듣는지, 온몸을 비틀어대며 고통스러움을 호소했다. 이렇게 하기 싫어하는 아이를 거의 협박해서 시키기도 하고 때로는 넘치는 칭찬으로 달래가며 했고, 가끔은 칭찬에 힘입어 아이가 자진해서 하기도 했다. 그동안 내가 시도했던 여러 방법들과 마음가짐을 소개한다.

1. 칭찬하고 격려하라

아이와 암송을 하면서 나름 스트레스를 많이 받았다. 한 구절을 200번이 넘게 해도 아이가 똑같은 부분을 틀리는 경우도 있었다. 그쯤 되면 더 이상 아무것도 하기가 싫어지곤 했다. 그러다 불현듯 어린 아이를 데리고 암송하면서 이 정도 하는 것도 정말 감사하다는 생각이 들었다.

그래서 기존의 방법과 반대로 부드럽게, 윽박지르지 않고 칭찬을 하기로 결심했다. 아이가 틀리고 못해서 내 인내의 한계점에 이르러도 아이를 칭찬하고 격려했다.

칭찬을 받으며 암송하니 아이도 달라지는 게 보였다. 때로는 반대로 생각하는 것이 필요하다. 이 길이 아니다 싶을 때 우회할 줄 아는 지혜 또한 엄마가 가져야 할 필수 항목인 것 같다.

얼마 전, 조이가 지금까지 외운 말씀을 다 암송하기로 한 날이었다. 새벽에 일찍 일어나 졸린 데다, 한글과 영어로 160절 가량을 해야 하는 험난한 여정이 기다리고 있었다. 아이에게 힘을 줄 생각으로 엄마와 한 절씩 돌아가며 하자고 했는데도, 아이는 힘없는 목소리로 "네" 할 뿐이었다. 그럼에도 꿋꿋이 암송을 하는 아이에게 아빠가 칭찬과 격려의 한마디를 던졌다.

"우와~ 조이 진짜 잘한다! 다 암송하면 아빠가 상 줘야겠다!"

"뭐 주실 건데요?"

"진짜 맛있는 사탕!"

그때 갑자기 아이 눈이 번쩍 뜨이더니 걷잡을 수 없는 속도로 암송을 하는 것이었다! 평소 사탕을 잘 주지 않아 더 값진 선물이었겠지만 그렇게 돌변해서 잘할 정도로 동기부여가 될 줄은 몰랐다. 순식간에 암송을 마치고 원하던 막대 사탕이 조이의 입으로 돌진했다.

"사탕 맛있어?"

"네! 너무 맛있어요."

"조이야, 사탕처럼 하나님 말씀도 그렇게 달고 맛있는 거야."

"네~!"

아이가 사탕보다 하나님 말씀이 더 달콤하다는 것을 깨닫는 날이 어서 오기를 기도하면서, 당근의 위력을 다시 한번 실감했다.

2. 아이에게 자율권을 주라

"엄마 이거 하고 싶어요. 저거 하고 싶어요."

어느 시점이 되자, 아이가 자신이 하고 싶은 것을 말하기 시작했다. 예전에는 내가 먼저 "조이야, 이거 하자, 저거 하자" 했다. 하지만 내 계획과 생각을 내려놓고 아이에게 선택권을 준 후로는 아이의 태도가 적극적으로 변화되는 것을 보았다.

물론 당연히 해야 되는 것과 하지 말아야 할 것에 있어서는 명확하게 선을 그었다. 아침에 함께 성경 읽기, 예배드리기, 비디오를 보기 전에 암송하기 등 당연히 해야 되는 일들 외에 아이가 하고 싶은 게 있으면 그것을 우선으로 하고, 하기 싫어하면 두말 없이 그만두었다.

영어 암송도 아이 스스로 하고 싶다고 해서 시작했다. 매월 어린이집에서 받아오는 영어 책을 계속 읽어달라고 하고, 비디오도 영어로 된 것만 보여달라고 하더니 급기야 암송도 영어로 해보겠다고 했다. 아이가 뭔가에 관심을 보이고, 하고 싶어 할 때 최선을 다해 도와주자 싶어 짧은 영어 실력으로 몇 번 읽어주었더니 놓치질 않았다.

조이가 시편 23편을 영어로 해보고 싶다고 해서 김은희 집사님 카페에 다솜이가 천천히 녹음해준 시편 23편과 1편을 다운받고, 또 영어 암송에 필요한 자료도 출력해서 조이 암송책에 넣어주었다.

그동안 조이가 영어 공부를 했던 것도 아니고, 파닉스를 제대로 알고 있는 것도 아니고 겨우 알파벳 정도 아는 수준인데 과연 할 수 있을까 싶었지만 어차피 한글도 모를 때 암송을 했듯이 영어도 마찬가지다 싶어서 그냥 다솜이 누나가 녹음한 내용을 들려주고 천천히 따라하게 했다. 관심이 있어서인지 열심히 듣고 제법 따라했다.

"The Lord is my shepherd, I shall not be in want."

"You will be a blessing."

아이는 4일 만에 1절을 암송하는 적극성을 보였다. 발음은 미숙하지만 열심히 하는 것에 칭찬해주었다. 그리고 다른 아이들의 영어 암송 동영상도 보여주었더니 더욱 열심을 냈다.

영어 암송이라고 해서 별다를 것 없이 아이가 원하는 만큼 들려주고, 어느 정도 또박또박한 발음을 알 정도만 따라하게 한다.

"영어부터 하고 그 다음에 출애굽기 하고 오랜만에 고린도전서 13장 할래요."

아이에게 자유롭고 편안하게 맡기니 하기 싫다고 고집부리지 않고 즐겁게 일과를 보내게 되었다. 자율적으로 아이의 선택에 맡긴 것들은 확연하게 차이가 났다. 물론 조이의 선택으로 인해 실패의 쓴잔을 마시게 될 수도 있겠지만 조이에게 있어 삶을 헤쳐나가는 중요한 열쇠가 될 거라 확신한다.

하나님께서도 성경을 통해 되는 것과 되지 않는 것, 해야 될 것과 하지 말아야 될 것들을 명확하게 말씀하시고 이외의 것들은 인간의 자유의지에 맡기셨다. 정말 탁월한 방법이라는 걸 아이를 통해 다시금 느낀다. 자신의 선택에 책임을 질 줄 알고, 좋아하는 것을 통해 성취감과 도전을 맛볼 수 있는 절호의 기회이기 때문이다.

3. 수단과 방법을 가리지 않기

암송을 시작하고 곧잘 말씀을 암송하던 아이가 일주일 쯤 지나자 재미를 느끼지 못하는 것을 발견했다. 기도하면서 고민하는 가운데 여러 방법을 시도해보았다. 아기 때부터 조이는 유난히 음악과 율동을 좋아했다. 텔레비전을 못 보는 아이가 유일하게 보는 DVD인 〈방귀대장 뿡뿡이〉와 〈마더구스〉에서 나오는 율동과 노래를 다 따라했다. 거울을 보면서 자기의 춤추는 것을 즐기는 아이를 보고 나는 몇 가지 방법을 생각해냈다.

- 알만한 노래에 말씀을 넣어서 따라하기
- 리듬에 맞춰 랩처럼 암송하기
- 목소리를 바꿔가며 암송하기

여러 가지 방법으로 시도하며 아이를 지켜본 결과, 내가 과장스럽다 싶을 정도로 춤을 추면서 암송을 하는 것을 너무 재미있어 하면서 따라하는 걸 보고는 '이거다' 싶었다. 그 결과 율동과 말씀을 접목시킨 '유희 암송'이 탄생했다.

태초에(박수를 치고)

하나님이(할렐루야 하듯 손을 들고)

천지를(두 손으로 원을 그리고)

창조(두 손을 '반짝')

하시니라 (두 손을 허리에 올리고 고개를 까딱까딱)

창세기 (두 손으로 성경책 펴는 모양)

1장 1절 말씀 (양쪽 검지손가락을 펴고)

이렇게 말씀에 따라 동작을 만들어서 따라하게 했더니 신기하게도 잘 따라했다. 무엇보다 너무 재미있어 했다. 말은 완벽하게 하지 못하지만 율동은 한 번 보면 모두 기억하는 조이는 말씀이 나오기도 전에 다음 동작을 했다. 조이만의 암송 방법을 찾아낸 것이다.

덕분에 나는 한동안 말씀에 맞춰 모션 짜는 재미에 푹 빠졌다. 언제까지 이 방법이 통할지 고민도 됐지만, 창조적인 능력을 주시는 주님께서 또 다른 방법들을 주실 것을 믿는 수밖에 없었다.

아이들이 기쁘고 즐겁게 암송을 지속할 수만 있다면 엄마 아빠는 춤이라도 추리라.

4. 때와 장소를 가리지 않기

조이가 35개월 때부터 어린이집에 다니게 되었다. 어린이집에 가기 전, 집에서 말씀을 읽어주거나 암송을 해주는데 때로는 밖에서 어린이집 차를 기다리며 암송한 말씀을 들려주기도 한다.

"엄마, 왜 밖에서 암송해요?"

"그럼 어디서 해야 되는데?"

"집에서, 교회에서."

"맞아. 집에서도 하고 교회에서도 하고, 어디서나 하는 거야. 신명기 6장 말씀에 뭐라고 했지? '오늘날 내가 네게 명하는 이 말씀을 너는 마음에 새기고 네 자녀에게 부지런히 가르치며…' 그 다음에 뭐지?"

"집에 앉았을 때에든지 길을 갈 때에든지 누워 있을 때에든지 일어날 때에든지 이 말씀을 강론할 것이며…."

"맞았어. 말씀처럼 조이가 말씀 생각하며 암송하는 건 길에서도 하고 어린이집에서도 하고 어디서든 해야 되는 거야. 조이 안에 말씀이 있기 때문에 언제든지 할 수 있는 거야!"

"정말요?"

"그럼! 오늘 어린이집 가서도 말씀 생각하세요. 알았지?"

"네. 엄마 다녀오겠습니다."

언제든지 하나님 말씀을 새기고 행하는 삶을 살기 위해 암송을 한다. 아이의 길에 등불이 되어주시는 하나님의 말씀을 한시도 잊지 않는 것은 하나님의 임재를 놓치지 않는 것이며, 끊이지 않는 기도의 발판이 될 것이다. 무엇보다 말씀이신 하나님을 더욱 친밀하게 느끼고 사랑하게 될 것이기에 말씀을 암송하는 것은 때와 장소를 가리지 않는다.

: 거룩한 욕심

조이가 26개월 쯤에 완벽하게 암송한 말씀은 창세기 1장 1절, 신명기 6장 5절, 시편 23편 1, 2절이었다. 이어서 요한복음 3장 16절, 시편 23편 3절을 암송했다. 무리하지 않고 전체 말씀을 계속해서 들려주고 또 일부분을 따라하게 하는 식으로 반복하면서 어느새 외우게 만드는 계획이었다.

동생 온유가 태어나기 전까지 조이에게 시편 23편 전편을 암송시키는 게 목표였다. 조이가 태어났을 때 남편이 시편 23편으로 축복했듯이 온유가 태어났을 때 조이에게 시편 23편 말씀으로 동생을 축복하게 해주고 싶어서였다. 안타깝게도 그 바람은 이루어지지 못했지만, 조이가 온유를 처음 만난 자리에서 동생 머리에 손을 얹고 짧은 말씀과 기도로 축복해주었다. 둘 모두에게 크고 값진 선물이었을 것이다.

조이는 매일 적극적인 자세로 암송에 임했다. 시편 23편을 곧잘 암송할 때, 남편과 나는 감탄사만 연발할 뿐이었다.

"신기하다, 정말 신기하다!"

남편은 그 사이 즐거운 상상을 하고 있었다.

"조이가 으뜸 꿈나무(303비전꿈나무 모범생 중에 연령대별 해당 암송 구절의 두 배를 암송한 아이)가 되려면 몇 절 암송해야 해?"

"47절의 두 배니까 100절 정도는 해야지, 왜?"

"조이도 꾸준하게 하면 으뜸 꿈나무 할 수 있겠지? 그럼 신문에도 나오는 거야?"(303비전꿈나무 선발 명단이 국민일보에 기재된다.)

"이제 세 살인데 꾸준하게 하면 충분이 할 수 있겠지."

"조이 학교 들어가기 전까지 300절만 암송시키면 좋겠다."

"유치원생이 그 정도 하면 엄청 많이 하는 거지."

"야호! 조이가 성경을 300절 암송한다고 생각하니까 너무 감사하고 감동이야. 어릴 때부터 성경을 암송하는 게 얼마나 감사한지! 조이는 정말 엄마 잘 만난 것 같아. 자기가 대단하고 대견해. 고마워, 자기야!"

"…"

거룩한 부담이 이런 것인가 싶었다. 처음엔 천천히, 조금씩, 지속만 하자더니, 취학 전 300절이라니…. 이 또한 말릴 수 없는 거룩한 욕심인지라 뭐라 대꾸할 수도 없고 아이와 함께 열심을 내는 수밖에 없었다.

아이의 마음에 말씀을 새기는 일은 결코 쉽지 않다. 매일 매일 끝이 없는 영적 싸움에서 승리해야 한다. 하나님께서 새 힘을 주시지 않으면 금방이라도 포기했을 일이다. 하지만 말씀으로 견고하게 서가는 아이들의 모습이 그려지기에 오늘도 말씀을 새기고 선포하는 이 일에 게으름을 피울 수가 없다.

✻ 암송 여왕 엄마가 되는 3가지 방법!

1. 303비전성경암송학교 유니게 과정

자녀를 디모데와 같은 충성된 자로 키우기 원하는 유니게와 같은 엄마라면 가장 먼저 문을 두드려야 할 곳이다. 7주간 매주 하루 3시간씩 강의와 실습을 통해 성경암송과 자녀교육, 말씀태교에 대한 기본기를 다지고 성경 100절을 암송하게 된다. 엄마를 비롯해, 로이스와 같은 할머니, 하나님이 원하시는 가정을 세우길 원하는 미혼남녀와 출산을 앞둔 임산부 또는 교회학교 일선에 계신 분들도 참여할 수 있다. (더 자세한 내용은 전화 02)575-0691와 인터넷카페 http://cafe.godpeople.com/HoneyBee 를 참조.)

2. 지속, 체질화를 위한 거룩한 모임을 만들기

유니게 과정 1,2단계가 끝난 후 같은 모둠에 있던 네 분의 집사님들과 암송의 지속화, 체질화를 위해 모임을 만들었다. 일주일에 한 번씩 모여 이미 암송한 구절들을 복습하고 3,4,5단계의 새로운 말씀도 암송한다. 서로의 얼굴을 보며 큰소리로 선포하면서 암송하는데, 집에서 아이와 할 때보다 암송이 잘 되었다. 인터넷 상에 카페를 만들어 암송일지도 올리면서 서로 격려하고 도움을 주고받는다.

3. 가정예배 시간에 암송하기

매일 아이와 함께 성경암송 가정예배를 드리면서 엄마도 은혜를 받는다.
새로운 말씀을 암송할 때는 암송해야 할 말씀을 손으로 적어서 싱크대 위에 붙이고 수시로 보고 읽는다. 설거지나 청소 등 단순한 일을 할 때에 노는 머리로 말씀을 암송한다. 차를 타고 이동하는 시간도 적극 활용한다.
암송한 말씀은 집 안 곳곳에 붙여놓고 수시로 왔다갔다 하면서 복습한다. 냉장고, 화장실, 아이 방까지 모든 동선에 붙여둔다. 〈303비전 성경암송CD〉가 나온 이후로는 CD를 즐겨 듣는다.

가장 중요한 것은 말씀을 사모하는 마음이다. 진리만을 붙들겠다는 각오만 있다면 어떤 상황과 환경 속에서도 하나님이 함께하심을 믿는다.

05

푸른 감람나무처럼 | 암송의 효과

: 신기하고 놀라운 아이의 암송 능력

어린 아이들이 말씀을 암송하는 걸 보는 어른들은 대부분 놀란다. 어른도 할 수 없는 걸 아이들이 어떻게 하랴 하는 편견 때문일 것이다. 나 역시 그랬다. 내게 있어 성경암송은 꿈같은 일이었다. 하지만 하나님께서 아이들에게 주신 능력은 놀랍다.

한번은 영아부 예배가 끝나서 조이를 데리러 갔더니 선생님께서 반갑게 맞아주시면서 말씀하셨다.

"어머니, 오늘 조이가 암송해서 달란트 두 개를 받았어요. 칭찬해주세요."

"조이야, 오늘 암송했어?"

"네."

"어떤 말씀을 했는데?"

"시편 150편이요."

"시편 150편? (아직 안 한 건데?) 시편 1편? 23편? 100편? 아니야?"

"…."

대답이 없어서 선생님이 하신 말씀 그대로 칭찬했다.

"암송해서 달란트도 받고 잘했다! 하나님이 기뻐하실 거야."

집에 돌아와서 남편에게 조이가 암송해서 달란트를 받았다고 말했다.

"우와! 조이가 암송해서 달란트 받았어? 우리 조이 넘 멋지다! 무슨 말씀 했는데?"

내가 끼어들었다.

"시편 150편 했다는데 아닌 것 같아요. 조이 모르는 말씀이거든요."

"호흡이 있는 자마다 여호와를 찬양할지어다. 할렐루야! 시편 150편 6절 말씀 아멘."

남편과 나는 눈이 휘둥그레졌다.

"조이야? 너 언제 그 말씀 외웠어?"

"시편 150편 맞잖아요, 오늘 이거 했는데…."

내가 모르는 사이 교회에서 암송을 하고 있었던 모양이다. 어느덧 엄마와 함께 암송하지 않은 말씀도 암송을 하는 것이 대견하고 기뻤다. 아이가 그렇게 매주 새로운 말씀을 하나씩 새기는 줄도 모르고 아이의 능력을 과소평가한 것이 미안했다. 이후에도 조이는 영아부에서 매주 암송도 하고 선물도 받는 일석이조의 기쁨을 누리고 있다.

: 언제 어디서나 말씀이 톡톡

조이가 암송할 때 장난치기도 하고 성경을 읽어줄 때 딴짓도 많이 해서 말씀이 제대로 새겨지고 있는 걸까 했는데 어느새 말씀이 아이 안에서 살고 있는 걸 볼 때가 있다.

아이와 함께 그림성경을 볼 때였다. 제자들이 예수님을 따라가는 장면이 나왔다. 책을 보며 '오솔길을 갈 때도 산을 오를 때도…' 이렇게 읽어주고 있는데 아이가 물었다.

"예수께서 무리를 보시고 산에 올라가 앉으셨네, 그러니까 제자들이 나아온지라! 맞지 엄마?"

"어, 그러네. 조이가 암송하는 마태복음 5장 1절부터 16절 말씀 같다. 그치?"

아이는 이어서 말씀을 암송했다.

"심령이 가난한 자는 복이 있나니…."

그림을 보고 바로 말씀이 톡톡 튀어나오는 걸 보면서 감사와 감격이 넘쳤다. 이래서 말씀을 암송하나보다 싶었다. 마태복음 5장을 암송하던 조이가 옆에서 신나게 놀고 있는 온유를 가리켰다.

"온유한 자는 복이 있나니 그들이 땅을 기업으로 받을 것임이요."

"엄마! 우리 온유랑 마태복음 온유랑 똑같네요?"

"응, 맞아."

"우와! 그러면 온유한 자는 땅을 기업으로 받으니까 온유는 땅을 받겠네요?"

조이는 온유가 땅을 기업으로 받는다고 하니 너무 좋아한다.

'아들들아, 천국이 너희 것인데 무엇이 부럽겠느냐. 심령이 가난한 자, 애통하는 자, 온유한 자, 의에 주리고 목마른 자, 긍휼히 여기는 자, 마음이 청결한 자, 화평하게 하는 자, 의를 위하여 핍박받는 자가 되어라. 이를 기뻐하고 즐거워할 때 하늘에서 너희의 상이 클 것이다. 세상의 빛과 소금으로 살아갈 너희들이 엄마는 너무나 기대된단다.'

하루는 아이들과 산책을 할 때였다. 온유를 태운 유모차를 밀고 한참을 가는데 조이가 하늘을 가리켰다.

"엄마! 저기 하늘 좀 봐요."

"왜? 뭐가 있는데?"

"'하늘에서 너희의 상이 큼이라' 하늘에서 상이 클 거예요!"

조금은 엉뚱한 말이었지만, 당시 아이들과 씨름하느라 지쳐 있던 내 마음에 큰 위로가 되었다.

"하늘에서 너희의 상이 큼이라!"

조이를 통해 위로해주시고 다시금 힘을 주신 하나님께 감사드렸다. 마치 꾹 누르면 "사랑해" 하고 말하는 인형처럼 아이들의 입에서 말씀이 튀어나오기를 기도했다.

아이의 마음에 말씀이 새겨지면 어디서든 말씀을 들을 때 반응하는 것을 본다. 얼마 전 조이와 온유는 장난감을 잔뜩 꺼내와 거실에서 놀고 있었고, 남편은 성경을 읽고 있었다.

아이들이 왔다 갔다 시끄럽게 놀고 있는 와중에 성경을 읽어야 하는 탓에 남편은 소리 내어 빠른 목소리로 성경을 읽었다. 한참을 중얼중얼 읽고 있는데 조이가 지나가다 한마디 툭 던진다.

"아빠, 지금 읽은 거 이사야서 43장 맞죠?"

"어, 맞아."

성경을 읽던 남편이 깜짝 놀랐다. 놀면서 아빠의 성경 읽는 소리를 다 듣고 있었나보다. 그러다 자기가 암송하는 구절이 나오니 번뜩 생각이 난 것이다.

이럴 때마다 매일 지속하는 암송의 위력을 새삼 실감한다. 암송을 하면서 하나님의 말씀에 민감해지는 것 같다. 일상에서 말씀이 늘 아이 가운데 함께 있음을 느낄 때마다 더욱 감사하고 행복하다.

: 세상은 하나님의 걸작품

이천 시댁에 다녀오는 길이었다.

"조이야, 저기 봐봐. 너무 아름답지? 이 아름다운 하늘과 구름을 누가 만드셨지?"

"으~응. 멍멍이."

조이의 딴생각에서 나온 답변에 남편과 나도 웃음이 나올 수밖에 없었다.

"조이야, 창세기 1장 1절 암송하자."

"태초에 하나님이 천지를 창조하시니라."

"태초에 하나님이 천지를 창조하셨다고 했지? 이 아름답고 멋진 자연을 하나님이 만드신 거야."

"아. 그렇구나."

맑고 청아한 하늘 위로 새하얀 뭉게구름이 두둥실 떠 있고, 먹구름이 오묘하게 겹쳐 있는데 햇살이 그 사이를 뚫고 나와 우리를 비추는 진풍경을 보며 남편과 감탄사를 연발하며 하늘 전시회에 푹 빠졌다.

"조이야, 이 아름다운 걸작품이 모두 하나님의 작품이야."

"우와."

"이것 말고도 하나님의 더 멋진 걸작품이 있는데 어디 있게?"

큰소리로 대답한다.

"여기 있지요."

"하나님의 최고의 걸작품이 조이가 맞구나."

"네."

나는 그날 하나님의 최고의 걸작품들과 아름다운 풍경을 감상하면서 평안하고 행복한 드라이브를 즐겼다. 이 세상의 모든 것이 주의 것임을 그리고 주님의 걸작품임을 조이와 온유가 확실히 알게 되었으리라 믿는다.

세상을 살면서 무엇보다 중요한 것이 자신의 정체성을 아는 일인 것 같다. 그리스도인들도 마찬가지다. 내가 하나님께 속해 있고 하나님의 영으로 인도함을 받는 사람이라는 것, 곧 하나님의 아들이라는 신분을 알아야 한다. 나를 만드시고 나를 알고 계신 하나님이 내 아버지라는 진리를 알 때 교만과 열등감 없이 살 수 있다.

> 너희는 택하신 족속이요 왕 같은 제사장들이요 거룩한 나라요 그의 소유가 된 백성이니 이는 너희를 어두운 데서 불러내어 그의 기이한 빛에 들어가게 하신 이의 아름다운 덕을 선포하게 하려 하심이라 벧전 2:9

온유가 흐트러뜨리기에 재미를 붙였을 때였다. 형이 책을 읽고 쌓아두면 하나씩 밑으로 떨어뜨리고, 뽑아쓰는 휴지를 바닥에 내려놓으면 하나씩 뽑아서 거실을 금세 휴지 바다로 만들어버리곤 했다. 처음에는 뭣 모르고 정리해주고 주워주고 했는데 가만히 보니 이 놀이를 즐기고 있었다. 정리할 것이 있어 파일을 피아노 의자 위에 쭉 늘어놨더니 어느새 와서는 하나씩 밑으로 떨어뜨리는 것이었다. 나는 단호한 목소리로 제지할 심산이었다.

"이놈! 온유, 이놈!"

그랬더니 옆에 서있던 조이가 대뜸, "엄마! 온유 '이놈' 아닌데요? '하나님의 존귀한 이온유'인데요?" 라는 것이었다. 엄마는 또다시 조용해질 수밖에 없었다.

평소 아이들을 부를 때 되도록이면 이름 앞에 하나님의 존귀한 아들, 하나님의 리더, 303비전꿈나무 같은 호(號)를 붙여서 불러준다. 하나님의 형상대로 지음받은 존귀한 하나님의 아들이라는 정체성을 심어주기 위해서다. 예전에 조이에게 "넌 누구냐?" 하고 물으면 "저는 이조이입니다" 하고 애교 섞인 목소리로 대답했었다. 하지만 지금은 "저는 하나님의 존귀한 아들입니다" 라고 씩씩하게 말한다.

> 무릇 하나님의 영으로 인도함을 받는 사람은 곧 하나님의 아들이라
> 롬 8:14

그러나 세상은 존재가 아닌 소유가 중요하다고 속삭인다. 하나님의 말씀이 새겨져 있지 않으면 교묘한 속임수에 넘어가기 십상이다.

한번은 이웃집에서 새 차를 샀다고 해서 아이들과 시승식을 하러 갔다. 조이보다 두 살이 많은 형이 차를 탄 조이에게 물어본다.

"우리 아빠 차 되게 크지? 되게 좋지? 너희 아빠 차는 이렇게 안 크지? 안 좋지?"

"아니야, 우리 차도 좋아. 그죠, 엄마?"

옆집 형은 선루프를 가리키며 자랑을 했다.

"이것 봐, 우리 아빠 차는 지붕도 열려! 너희 아빠 차는 이런 거 없잖아."

"어, 없어. 우리 삼촌 차엔 있어. 엄마 없어도 괜찮죠? 그래도 좋죠?"

"조이야, 아저씨 차가 아빠 차 보다 좋은 차야. 하지만 아빠 차도 좋은 차야."

"그죠? 이것 봐. 우리 엄마가 좋은 차라고 하셨어."

요즘 아이들이 대화하는 내용을 보면 "우리 엄마는, 우리 아빠는" 하면서 자기 부모가 뭔가 더 우월하고 탁월하다는 것을 보여주려고 하는 것을 많이 본다. 아직까지 조이가 물질의 개념이 없는 탓에 무엇이 좋고 나쁜지 알 수 없지만 조금 더 자라서 이런저런 비교들을 하며 우월감이나 열등감을 갖게 될지도 모른다는 생각을 했다. 남편과 이런 것들에 대해 얘기를 나누다가 조이에게 얘기해주기로 했다.

"조이야, 하나님은 우리가 좋은 차를 타든 나쁜 차를 타든 거기엔 관심이 없으셔. 예쁜 옷을 입든 허름한 옷을 입든, 넓은 집에 살든 좁은 집에 살든 그건 하나님의 관심이 아니야. 오직 하나님의 관심은 바로 너야. 너를 보고 계시고 너를 사랑하시는 거야. 좋은 차, 좋은 옷, 좋은 집이 너를 대신할 순 없는 거야. 오직 하나님의 관심을 바로 너란다!"

조이와 온유가 이생의 자랑에 흔들리지 않았으면 한다. 사도 바울이 고백했던 것처럼 우리가 자랑해야 할 것은 오직 십자가밖에 없음을 기억했으면 한다. 하나님 말씀에서 자신의 정체성을 찾고 흔들리지 않길 바란다.

> 그러나 내게는 우리 주 예수 그리스도의 십자가 외에 결코 자랑할 것이 없으니 그리스도로 말미암아 세상이 나를 대하여 십자가에 못 박히고 내가 또한 세상을 대하여 그러하니라 갈 6:14

: 사랑을 흘려보내는 아이

조이는 수시로 "엄마" 하고 다정하게 불러서, 내가 "왜" 하고 대답하면 "사랑해" 하고 말하곤 한다. 내가 뭔가를 하고 있으면 뒤에 와서 내 목을 끌어안으며 "엄마 사랑하고 축복해요" 하며 뒤통수에 뽀뽀를 하거나 내 엉덩이를 끌어안고 뽀뽀를 한다. 그럴 때마다 나는 가슴속에서 솟아오르는 따스함과 포근함으로 행복에 젖는다.

온유가 고열로 병원에 입원했을 때의 일이다. 집에서 병원에 있는 나에게 전화를 해서는 용기를 준다.

"엄마 힘내세요. 조이가 있잖아요. 엄마 사랑해요. 조이가 기도하니까 힘내세요. 엄마 보고 싶어요. 온유랑 잘 있다가 빨리 집으로 오세요. 그리고 엄마 걱정 마세요. 아빠랑 암송 잘하고 예배도 잘 드리니까요."

"응, 그래."

대답을 하면서 눈물을 목구멍으로 삼켰다. 어느새 조이가 엄마인 나를 위로하게 됨을 보고 감사를 드렸다.

하루는 집에서 찬양과 기도를 드리는데 하나님께서 내 마음 깊은 곳을 만지심이 느껴져 갑자기 주체할 수 없이 눈물이 흘러내렸다. 조이가 오더니 걱정스럽게 묻는다.

"엄마 울어요? 눈물이 나왔어. 엄마 속상해?"

온유의 팔을 끌어당기더니

"온유야, 엄마한테 '미안해' 해. 엄마, 조이도 미안해. 속상하게 해서 미안해요."

"조이야, 엄마 속상해서 우는 거 아니고 감사해서 우는 거야."

"정말요?"

그러더니 주먹으로 두 눈을 꾹꾹 눌러 닦아준다.

"엄마 이리와. 내가 안아줄게."

내 머리를 자기 가슴에 대고 꼭 안더니 등을 토닥토닥 해준다.

"엄마, 이제 괜찮지? 눈물이 이제 안 나오지?"

"응, 고마워."

그때 아이의 가슴이 어찌나 넓게 느껴지던지, 또 얼마나 따스하던지.

조이는 가족을 사랑하는 마음은 물론 주위 사람들을 사랑하는 마음도 참 예쁘다. 친척들을 만났을 때나 교회에서 시키지 않아도 사랑이 묻어나는 말과 행동을 하는 아이를 보며 이 또한 성경암송의 열매인 것을 부인할 수가 없다.

하나님은 사랑 그 자체이시다. 한결같은 사랑으로 우리를 사랑해 주시는 것처럼 그 사랑을 가족과 민족과 열방 가운데 흘려보내야 한다. 고린도전서 13장에서 분명하게 말씀하신다. 모든 것 가운데 사랑이 없으면 아무것도 아니라는 것을.

> 내가 사람의 방언과 천사의 말을 할지라도 사랑이 없으면 소리 나는 구리와 울리는 꽹과리가 되고 내가 예언하는 능력이 있어 모든 비밀과 모든 지식을 알고 또 산을 옮길 만한 모든 믿음이 있을지라도 사랑이 없으면 내가 아무것도 아니요 내가 내게 있는 모든 것으로 구제하고 또 내 몸을 불사르게 내줄지라도 사랑이 없으면 내게 아무 유익이 없느니라 고전 13:1-3

: 동생을 사랑하고 아끼는 마음

조이가 34개월 때였다. 두 달도 채 안 된 동생에게 다가가 귀에 대고 무언가를 말하고 있었다. 다가가서 들어봤더니 창세기 1장 1절 말씀을 암송해주는 것이었다. 내가 놀라서 물었다.

"조이가 온유에게 암송해주는 거야?"

"응, 창세기 했어. 온유한테 가르쳐줬어."

34개월짜리 형이 동생에게 해줄 수 있는 가장 값지고 귀한 일이라는 생각이 들었다.

정말 멋진 형이라고 칭찬해주었다. 조이는 온유에게 노래도 불러주고 책도 읽어주고, 말씀도 암송해주고, 기도도 해주면서 멋진 형이 되어갔다. 얼마 전부터는 온유의 암송 선생님이 되어 암송 지도를 하고 있다.

> 형제를 사랑하여 서로 우애하고 존경하기를 서로 먼저 하며 롬 12:10
>
> 형제가 연합하여 동거함이 어찌 그리 선하고 아름다운고 시 133:1

동생을 향한 조이의 사랑이 지극하다. 내게 무언가를 요구할 것이 있어도 꼭 온유에게 모든 것을 먼저 배려한다. 잠을 잘 때도 마찬가지였다.

"엄마, 온유 자요?"

"응, 이제 잘 거야."

"엄마, 안아줘요. 조이 꼭 안아줘요."

"그래, 이리 와. 엄마가 꼭 안아줄게"

그러다 온유가 자지 않고 끙끙거리는 소리라도 나면 "엄마 조이 괜찮아요. 온유한테 가서 온유 안아줘요" 한다. 조이가 기특하기도 하고 가슴 한 구석이 찡하기도 해서 온유를 재우고 와서 잠든 조이를 전보다 더 꼭 안아주기도 한다.

최에스더 사모님의 《성경으로 아들 키우기》에 이런 구절이 있다.

어릴 때 싸우면서 큰다는 말에 속지 말라. 어린 시절에 가장 중요하게 다루어야 할 것이 형제 사랑이다. 형제가 하나님께서 주신 가장 좋은 친구라는 것을 각인이 될 때까지 가르쳐야 한다.

아이들이 태어나서 처음으로 시기와 질투를 느끼는 공간이 가정이라고 한다. 부모에게 좀 더 많은 사랑과 관심을 받고자 하는 아이들의 욕망에서 질투가 시작되는 것이다.

하지만 그 이면에 부모들의 편애(偏愛)가 질투의 자극제가 되고 있는 것도 사실이다. 어릴 때부터 은연중에 형제 사이를 비교하여 시기하게 만들고 편애하여 질투하게 만들기 때문이다. 이삭이 에서를 편애하고 야곱도 요셉을 편애했던 사건을 보면서 어떠한 상황에서든지 늘

한결같은 사랑과 헌신으로 자녀들을 대해야 함을 깨달았다.

주변 사람들은 온유가 점점 커서 형의 영역을 침범하기 시작하면 달라질 거라고들 했다. 그러나 이후로도 그런 일은 일어나지 않았다. 딱 한번, 온유를 더 사랑하느냐고 물은 적이 있었지만 온유를 질투하거나 미워해서 그런 것은 아니었다.

온유가 태어나기 오래 전부터 기도하면서 조이에게 온유가 사랑과 축복의 대상임을 알려주고 축복하게 했던 일들이 현실이 되었다. 이것은 조이 안에 심긴 말씀을 통해 성령님이 역사하셨기 때문이라고 믿는다.

온유가 장난감 토마스 기차를 점령하면 조이는 제임스 기차를 가지고 논다. 혹 하나를 서로 가지려고 하면 지혜롭게 기차의 뒷부분을 뚝 끊어서 온유에게 준다. 그리고 한마디 한다.

"온유야, 자! 이거 가지고 놀아. 엄마 나 멋진 형아죠?"

"그럼! 나눌 줄 아는 조이는 진짜 멋진 형아야!"

한번은 조이가 갖고 놀고 있는 블록을 온유가 뺏으려고 했다.

"온유야! 잠깐만, 이거 형아 거니까 기다려. 똑같이 만들어줄게."

그리고는 블록 박스를 쏟아 온유에게 똑같이 만들어준다. 지금까지 "안 돼! 내 거야!" 하는 모습을 본 적이 거의 없다.

온유도 이런 멋진 형에게 순종하며 섬기게 될 것이다. 나는 항상 온유에게 "너를 너무나 사랑하는 멋지고 든든한 형을 둔 것에 감사해야 한다"라고 말해준다. 온유가 벌써부터 아는지 형을 끔찍하게 좋아한다.

그 무렵 차를 타고 외출을 했을 때의 일이다. 뒷좌석에 조이와 온유가 나란히 유아용 카시트에 앉아 있었고 앞좌석에서 남편과 내가 담소를 나누고 있었다. 차에서 웬만해서는 안 우는 온유가 무엇이 불편했는지 울기 시작했다. 밖에는 눈이 내리고, 고속도로에서 차를 세우기가 힘든 상황인지라 난감했다.

"엄마, 온유한테 '기다려' 해주고 '온유야, 사랑해' 해줘요."

"응?"

"엄마가 온유한테 '온유야, 기다려. 온유야, 사랑해' 하면 된다고요."

나는 조이의 말을 그대로 따라했다.

"온유야, 기다려. 온유야, 사랑해."

그런데 정말 거짓말처럼 온유가 울음을 뚝 그쳤다. 하나님께서 조이를 통해 말씀해주신 걸까? 조이의 직감으로 알았던 걸까? 조이 덕분에 더 이상의 온유 울음소리는 들을 수 없었다.

조이의 동생을 향한 사랑은 정말 끝이 없다. 온유가 감기에 걸려 기침이라도 하면 냉큼 달려와서 머리에 손을 올리고 기도를 해준다. 그리고 아침에 일어나자마자 온유 침대로 간다.

"온유야! 형아가 사랑하고 축복해."

이어지는 축복의 찬양.

"온유는 사랑받기 위해 태어난 사람 당신의 삶 속에서 그 사랑 받고 있지요."

그러고는 동생의 이마에 뽀뽀를 한다. 한번은 동생이 아파서 자신의 인사에 반응이 없자 뒤로 벌렁 누우면서 "야, 이온유! 형아가 너를 얼마나 사랑하는지 알아? 정말~!" 하는데, 남편과 한참을 웃었다.

오후에 어린이집에 다녀와서 피아노를 띵똥거리며 동생에게 찬양을 불러주기도 한다.

"온유야, 잘 들어. 하나님은 너를 사랑해. 얼마나 너를 사랑하시는지. 너를 위해 저 별을 만들고 세상을 만들고 아들을 보냈네."

조이가 단 한 번도 동생을 질투하지 않는 것도 감사하지만 이렇게 축복해주는 것이 얼마나 대견하고 고마운지 모른다.

최근에 셋째를 위해 기도하고 있는 중이라 조이에게 동생에 대한 얘기를 꺼냈다.

"조이야, 온유 같은 동생이 또 있었으면 좋겠지?"

"아니요. 없었으면 좋겠어요."

"(헉!) 왜?"

"온유를 너무 사랑하는데 다른 동생이 있으면 (온유를) 더 많이 사랑할 수가 없잖아요."

조이가 온유를 왜 그토록 좋아하는지 이유가 궁금해졌다.

"조이는 온유가 뭐가 그렇게 좋아?"

"사랑하니까요."

"왜 사랑하는데?"

"하나님의 존귀한 아들이니까요!"

철없는 엄마의 질문 공세에 너무나 당연한 것을 왜 묻느냐는 표정으로 쐐기를 박아버린다. 이 모든 것이 하나님의 은혜라고 밖에 할 수 없다. 아이의 마음에 형제를 사랑하라는 말씀을 심지 않았더라면, 동생이 축복의 대상임을 가르치지 않았더라면, 자신의 존재를 가르치지 않았더라면 어떻게 되었을까. 말씀으로 아이를 가르칠 수 있어 감사할 따름이다. 앞으로도 형제가 서로를 사랑하고 아껴주며 축복하는 사이로 자라기를, 더 나아가 서로의 모습 속에 보이는 하나님 형상을 보며 함께 섬기는 동역자로 성장할 줄 믿는다.

> 너희가 진리를 순종함으로 너희 영혼을 깨끗하게 하여 거짓이 없이 형제를 사랑하기에 이르렀으니 마음으로 뜨겁게 피차 사랑하라
>
> 벧전 1:22

: 디모데보다 더 많이 할 거예요

책을 읽어줄 때도 아이가 원하는 책을 읽기 전에 성경이나 성경 인물에 관련된 책, 신앙위인 전기, 탈무드 중 하나를 꼭 읽게 한다. 아이들에게 성경 인물 이야기나 신앙위인 전기는 꼭 읽어주는 게 좋다. 비록 어릴지라도 성경이나 성경동화를 읽으며 주시는 은혜를 나누고, 믿

음의 선배들의 모습을 보고 배울 수 있기 때문이다. 거룩한 욕심으로 도전받을 때 하나님께 쓰임받는 또 한 명의 인물이 탄생하리라 믿는다.

하루는 조이가 디모데 이야기를 읽어달라고 해서 읽어주었다.

"우리 엄마도 디모데 엄마랑 할머니처럼 조이한테 말씀 가르쳐주시고 기도도 가르쳐주시죠?"

"당연하지! 조이도 매일 엄마랑 말씀 배우고 기도하잖아."

"우리 엄마가 훨씬 잘하는데…."

"고마워 조이야, 엄마를 높이 평가해줘서."

책을 읽고 마지막에 함께 기도하는 순서가 있어 따라하게 했다.

"하나님. 저도 디모데처럼 매일 말씀을 읽고 기도를 해서 하나님이 기뻐하시는 사람이 되게 해주세요."

기도가 끝나자마자 스스로 다짐을 한다.

"엄마! 내가 더 많이 할 거예요. 디모데보다 말씀도 기도도 더 많이 할 거예요."

아들이 디모데보다 더 말씀과 기도에 힘쓴다고 하니 나도 유니게 못지않은 열정으로 뒷받침하겠다고 결심했다.

아이들은 자라면서 장래희망이 수없이 변한다고 한다. 조이는 다쳐서 응급실에 다녀 온 후로 "조이는 의사 선생님이 될 거예요"라고 말했다. 진찰을 해주고 주사를 놔주고 보살펴주는 모습이 멋져 보였던 모양이다.

"조이야, 의사 선생님 되려면 공부도 많이 해야 되고 암송도 많이 해야 되는데 그래도 할 거야?"

"조이는 공부도 많이많이 하는데요, 암송도 많이많이 하니까 의사 선생님 할 거예요."

"그래 조이 멋지다. 의사 선생님 되면 가난하고 아프고 병든 사람들을 하나님의 사랑으로 고쳐주세요!"

"조이가 안 아프게 주사 놔줄 거예요."

조이가 의사가 되는 건 한 번도 생각해보지 않았지만 무얼 하든지 하나님이 함께하시고, 하나님을 위해서라면 무조건 찬성이다. 직업에는 귀천이 없다고 하면서도 혹시라도 자녀가 부모가 원하지 않는 전공이나 세상에서 인정받지 못한다고 생각되는 직업을 선택하면 속상해하며, 부모가 원하는 방향으로 조정하려고 하는 모습을 종종 본다.

아직 그런 일들을 겪어보지 않았기에 단정할 수는 없지만 가장 중요한 건 아이들을 인정해주는 것이다. 또한 미래에 뭐가 되는 것보다 지금 이 자리에서 하나님이 기뻐하시는 삶을 살아가기 원한다. 그렇게 하나님 중심의 삶의 자세를 가지고 말씀을 암송하며 자란다면 아이들과 함께하시는 하나님께서 부모보다 정확하고 확실하게 말씀하시고 인도해주실 것을 믿는다. 나 또한 하나님의 인도하심인지 나의 욕심인지 잘 분별해서 하나님이 원하시는 대로 아이들을 이끌어주며 격려하는 부모가 되리라 다짐한다.

✽ 꼬마 암송왕이 되는 5가지 방법!

1. 말씀 체크표와 생활태도 체크표

"엄마 스티커 붙여요? 또 해요?" 진작 해줄 걸 그랬나 싶을 정도로 체크표의 효과는 대단했다. 좋은 생활 태도를 보일 때마다 칭찬과 함께 스티커를 붙이고, 암송과 예배를 하거나 또 책을 읽었을 때 스티커를 붙이게 한다. 아이는 스티커 붙이는 재미에 빠져 체크표에 없는 일들을 하고서도 달려와서 말한다.

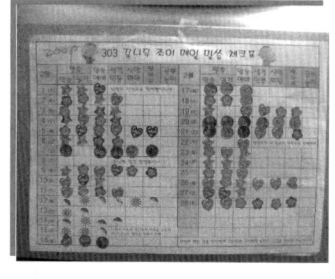

많은 일들 중에서 성경암송, 신구약 성경 1장 이상 읽기, 암송예배 이 세 가지는 하루도 빠지지 않으려고 한다. 엄마의 체크표도 만들어보자. 엄마 자신에게 동기부여도 되고, 아이도 엄마와 함께하는 걸 좋아한다.

2. 암송일지 쓰기와 주간계획표

암송 진도가 얼마나 나갔는지, 암송을 하면서 주신 은혜와 재미있었던 일 혹은 힘들었던 일들을 간략하게 적어 놓는 일기다. 주일 밤에 일주일을 돌아보며 반성도 하고 칭찬도 하면서 나름대로 점수를 매기는 재미가 있다. 훗날 조이나 온유가 보면 역사의 기록으로 남을 것 같아서 더 좋다. 주간계획표와 일지를 통합하니 한 눈에 모든 것들을 알 수 있어 훨씬 효과적이고 체계적이다.

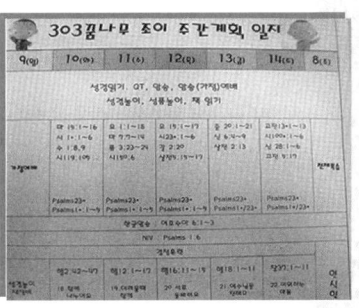

3. 말씀암송 발표회

아이들에게 암송에 대한 자부심과 기쁨을 주고, 함께하는 친구들이 있다는 공감대를 형성해주고자 웜클럽 모임 내에서 말씀암송발표회를 기획했다. 3살 아이부터 초등학생까지 모두 참여해서, 그동안 암송했던 말씀을 지인과 가족들 앞에서 선포하는 것이다. 아이들에게

좋은 추억과 기억을 남겨주고자 영상과 음성을 녹음했다. 또 아이들이 좋아하는 선물과 음식을 준비해 축제의 잔치가 되도록 했다. 발표회를 통해 아빠들도 자녀교육에 적극 참여하게 하는 자극제가 되기도 했다.
303비전성경암송학교에서는 303비전꿈나무 모범생을 선발해 감사예배를 드리면서 아이들에게 도전과 자부심을 주고 있다.

4. 100절 암송 축하파티

조이가 말씀을 총 100절 암송했을 때 축하파티를 해주었다. 하나님의 말씀을 100절이나 새긴 수고와 애씀에 축하하고 격려해주는 시간이었다. 아이는 축하하기 위해 온 사람들 앞에게 멋지게 시편 100편을 암송했다. 참여한 사람들이 '100절 축하합니다' 노래를 불러주었다.

축하와 격려를 받으면서 그 동안의 고난을 잊고 기쁨으로 충만해진 아이를 보며 200절, 300절 파티에는 더욱 근사하게 축하해주리라 다짐했다.

때로는 혼도 나고, 힘들게 암송했지만 이 모든 것들이 조이에게 명약이 되고, 마음 깊이 자리 잡은 말씀들이 살아 역사하는 날이 오리라 믿는다.

5. 동생에게 암송 가르쳐주기

"조이야, 이제부터 네가 온유 선생님이야. 암송 선생님! 내일부터 조이가 신명기 6장 5절 가르쳐주자!"
"제가 암송 선생님이에요? 온유?"
"그래. 내일부터 열심히 조이가 가르쳐줘!"
"네! 온유야! '너는 마음을 다하고 성품을 다하고 힘을 다하여 네 하나님 여호와를 사랑하라!' 이거 내일 하자~ 이히히히!"
아이도 누군가의 선생님이 된다는 것이 기쁜가보다. 아직 말을 못하는 동생에게 말씀에 따른 손동작을 해가며 가르쳐주니, 동생도 형이 가르쳐주는 게 좋은지 열심히 따라한다.
동생이 있는 아이라면 동생의 암송 선생님이 되는 기회를 주는 것도 좋을 것 같다. 자신이 알고 있는 것을 다른 사람에게 가르치면서 보람도 얻고 말씀을 한 번 더 생각할 수 있기 때문이다. 엄마보다 더 나은 선생님이 되길 바라며!

"엄마랑 온유랑 앉으세요."
"조이 목사님이 말씀 전해줄게요. 먼저 기도하겠습니다."
이어서 찬양을 하는데 조이 목사님이 작사 작곡한 곡이라
잘 알아들을 수는 없지만
가사의 주된 내용은 '하나님, 십자가, 아멘'이다
손을 들고 찬양했다가 율동을 했다가 온몸으로 찬양을 드린다
"할렐루야. 여러분, 오늘은 조이 목사님이 시편 말씀을 해줄게요
'복 있는 사람은' 엄마가 해보세요."
"복 있는 사람은 악인의 꾀를 좇지 아니하고…"
내가 시편 1편을 암송했다
"잘했어요, 목사님 말씀을 잘 들으세요."
그러더니 한참을 뭐라고 말씀을 전한다
그리고 만족스럽다는 듯 미소를 짓더니 축도한다고 눈 감으란다
이날 조이 목사님의 반복적인 예배로
온유와 엄마는 네 번의 축도를 받았다

part 3

매일 예배로 꽃 피우기

6장 복 되고 즐거운 성경암송 가정예배
7장 꼬마 예배자로 세우라
8장 기도의 용사로 키우라

06

복 되고 즐거운
성경암송 가정예배

: 매일 예배드리는 가족

"엄마! 온유야! 암송예배 드리자!"

매일 저녁 식사 후 우리 집 암송예배가 시작된다.

"엄마, 나는 303비전꿈나무지요? 아빠가 꿈나무라고 축하해줬지요?"

303비전꿈나무 감사예배 때 축하받은 것이 격려가 되었는지 이후로 저녁을 먹자마자 성경을 준비하고 먼저 예배를 준비하는 조이의 변화가 놀라웠다.

비디오를 본다든지 하고 싶은 것을 하기 위해 암송을 하는 것이 아니라 말씀이 당연한 것으로 조이 삶에 자리 잡게 된 것이다. 암송하는 일도 예배드리는 일도 말씀을 배우는 것도 너무나 자연스러워졌다.

조이에게 슬쩍 물어보았다.

"조이야, 예배드리는 거 좋아?"

"네, 예배드리는 거 기뻐요! 암송예배, 가정예배, 구역예배, 영아부 예배, 교회 예배, 컴퓨터 예배(인터넷으로 드리는 예배) 다 좋아요!"

"조이가 예배를 너무 좋아하니 엄마도 감사하고 기쁘다. 아마 하나님께서는 더 기뻐하시고 조이 예배를 기쁘게 받아주실 거야. 우리 함께 예배드리자!"

조이에게 예배가 우선순위로 자리 잡고 있음이 감사하고 매일 예배를 드리는 것이 기쁨이 되고 있다니 참으로 감사할 따름이다. 말씀을 새기는 속도가 빨라진 이후로 찬양도 어찌나 큰 소리로 부르고 씩씩하게 하는지. 잘한다고 칭찬해주니 자신감이 넘친다.

우리 가족은 일주일에 6일은 성경암송 가정예배로, 하루는 아빠가 인도하는 가정예배로 드린다. 예배 형식이나 순서는 크게 차이가 없지만 인도자의 변화에 따라 예배 분위기의 변화가 있다.

아빠가 인도하는 가정예배 시간엔 아빠가 간략하게 말씀을 전하고 중보기도 시간이 조금 길며 다소 진지한 분위기라면, 조이가 인도하는 암송예배 시간은 설교 대신 암송을 하고 기쁨과 에너지가 넘치는 분위기다. 찬양하면서 신나게 춤을 추기도 하고 상을 두드리며 박자를 맞추기도 하는 등 왁자지껄하다.

조이가 커가고 온유도 태어나면서 두 아이와 함께 성경암송 가정예배를 드리면서 조용한 분위기를 포기한 건 오래다. 그 대신 즐거움과 기쁨이 넘치는 예배가 되었다. 집 전체가 들썩들썩한 예배를 드린다. 교회에서 이렇게 예배를 드렸다가는 아마도 여러 번 퇴장 당했을 것이다. 가정이라는 우리만의 울타리 안에서 가능한 예배이다.

조금은 어수선하더라도 우리의 예배가 하나님께 기쁨으로 드리는 축제가 될 수 있음을 아이들에게 알려줄 필요가 있다고 생각한다. 하나님이 함께하셔서 기쁘고, 우리가 주님을 사랑함으로 찬양해서 기쁘고, 말씀이 선포되어서 기쁜, 예배의 기쁨을 아이들이 가정예배를 통해 배우길 원한다.

그래서 정적인 예배보다는 아이들의 눈높이에 맞춰 다소 동적인 예배를 드릴 때가 많다. 물론 아빠로부터 말씀을 듣거나 기도할 때에는 절제를 통해 집중할 수 있도록 지도한다.

예배의 형식이 어떻든 매일 하나님께 예배할 수 있음에 감사하고 예배가 우선순위가 되기 위해 노력한다. 장소나 시간도 우리의 예배를 방해하지 못한다. 우리가 서 있고 밟고 있는 모든 곳에서 예배할 수 있기 때문이다.

: 아이의 첫 예배 인도

조이가 29개월 되었을 쯤에 아빠가 인도하는 가정예배를 드리기 위해 상에 세 식구가 둘러앉았다. 예배 준비를 위해 조이가 손수 성경책을 준비하고 찬송가를 펴놓고 "엄마 예배해" 하며 기다리고 있었다. 하루를 돌아보고 회개 기도를 드리며 예배를 시작했다. 조이가 원하는 찬양을 두 곡 부르고 이제 찬송가로 찬양을 드리려고 했다.

"'말씨므로 찼네' 그거 해요."

남편이 못 알아듣고 "어떤 거?" 하고 물었다.

"'말씨므로 찼네' 그거."

보아하니 〈엄마와 함께 암송한 하나님 말씀을〉을 말하는 것 같아서, 내가 "'말씀으로 찼네. 복되고도 즐겁도다. 묵상의 삶이여' 이거?" 하니까 "응" 한다. 암송예배 드리면서 내가 독창한 걸 아이가 기억하고 있었던 것이다. 찬양이 끝나고 나니까 손으로 성경책 펴는 흉내를 내더니 "아빠 말씀해요" 했다.

"어떤 말씀 할까요?"

"'시평(시편) 1평(편) 1절부터 6절까지 말씸(말씀) 아멘' 해요."

남편과 내가 시편 1편을 암송했다. 암송이 끝나자 아이가 기도손을 하고 "엄마 또 기도해. 눈감고~"라고 했다. 우리 가정 가운데 부어 주시는 기도 제목으로 중보하는 시간을 가졌다. 주기도문으로 예배를 마치고 "하나님께 영광" 했더니 아이도 머리 위로 두 손을 번쩍 들고 열심히 박수를 친다.

　가만히 보아하니 아이가 나와 했던 암송예배 순서들을 그대로 기억할 뿐 아니라 중간중간 내가 하는 말들을 고스란히 따라하는 것이었다. 그렇게 그날은 아이가 이끄는 대로 기꺼이 엄마 아빠가 예배 인도를 받았다.

: 암송한 말씀이 선포되는 예배

　조이가 303비전꿈나무가 되기 전에는 암송예배를 매일 드리지 못했다. 때에 따라 주중에 몇 번 드리는 식이었다.

　그런데 조이가 작년 5월 '제3기 303비전꿈나무 모범생'으로 선발되면서 우리 부부가 보호자 대표로 서약을 하게 되었다. 서약서 내용 중 첫 번째가 "날마다 자녀와 함께 성경암송 가정예배를 드린다"였다. 그 계기로 매일 암송예배를 드리기로 결단하고 실천하게 되었다.

　매일 예배를 사수하면서 죄에서 멀어지고, 우리 가정에 은혜가 넘치고, 가족 간에 사랑이 풍성하며, 기도가 응답되고, 치유가 일어나며, 하나님의 놀라운 성품들을 경험한다.

　암송학교 주제가인 〈엄마와 함께 암송한 하나님 말씀을〉과 〈303비전꿈나무송〉을 부르고 조이가 말씀을 암송하고, 새로운 말씀도 새기고, 함께 기도하고 하나님의 성품을 찬양하고, 주기도문으로 마치는 순서는 이전과 크게 변함이 없다. 하지만 우리의 마음가짐이 달라졌다.

늘 조이가 하고 싶은 말씀을 자율적으로 암송하게 했는데 꿈나무가 되면서 지금까지 암송한 모든 구절을 암송했다. 암송을 하던 조이가 먼저 말을 했다.

"엄마 이제 다 해야지요? 이것도 하고 저것도 하고요. 그치요?"

그러더니 아직 암송하지 않는 구절도 하자고 아주 적극적인 태도를 보였다. 내가 하지 않아도 성령님이 자원하는 마음을 주시니 감사할 따름이었다.

: 예배를 사모하는 아이

매일 암송예배를 드리면서부터 차 안에서나 다른 집에 갔을 때나 언제 어디서나 암송예배를 드렸다. 설교를 준비해야 하는 부담없이, 아이가 암송하는 말씀을 함께 선포하고 기도하면 된다. 성령님께서는 어디서든 우리의 예배를 인도하신다.

휴가를 부산 친정에서 보내게 되었을 때의 일이다. 휴가 동안도 암송예배는 빠트리지 않고 우선순위를 지키려고 노력했다. 예배를 드리기 위해 조이에게 준비를 시키는데 뜬금없이 할아버지가 계신 방에서 예배를 드리겠단다. 성경책을 들고 할아버지가 계신 방으로 갔다.

"조이가 할아버지랑 같이 예배드리고 싶대요."

함께 찬양하고 조이에게 기도를 시켰다.

"하나님, 감사합니다. 오늘도 암송예배드려요. 언제나 어디서나 행복하게 예배드릴 수 있도록 함께해주세요. 예수님 이름으로 기도드렸습니다. 아멘!"

'언제나 어디서나 행복한 예배'라는 말에 놀랐다. 아이의 마음속에 가정예배가 '행복한 예배'로 자리 잡고 있음에 감사했다. 더욱 감사한 건 믿지 않는 친정아버지께서 아이랑 같이 기도도 하시고 예배시간 내내 자리를 지켜주셨다는 것이다.

친정아버지는 조이의 암송 실력을 말로만 듣다가 직접 보시고는 너무 자랑스러워하시며 온 가족들을 다 불러모으셨다. 믿지 않는 가족들에게 하나님의 말씀이 조이의 입으로 선포되어서 참 감사했고, 조이의 기도처럼 언제나 어디서나 행복한 예배를 드린 것에 깊이 감사했다.

조이의 예배 우선주의가 설날에도 어김없이 드러났다. 설을 이천 시댁에서 보내고, 이튿날 부산 친정으로 내려가는 기차 안에서 아이에게 말했다.

"조이야, 부산에 가면 외할머니랑 외할아버지께 '새해 복 많이 받으세요' 하고 이쁘게 절하는 거야. 도착하면 엄마랑 아빠랑 이쁘게 세배하자."

"엄마! '세배' 아니고 '예배' 드려야지. 할머니 집에 가면 할아버지랑 할머니랑 엄마랑 아빠랑 온유랑 삼촌이랑 숙모랑 지민이랑 조이랑 예배하자."

"음, 엄마가 말하는 건 예배가 아니고 설날이 되면 세배라고 해서

절하면서 인사하는 거야."

나는 절하는 흉내까지 내가며 설명을 했다.

"싫어요! 조이는 세배 아니고 예배할 거야."

"…"

결국 세배를 하는 모습을 보고서야 아이는 즐겁게 세배를 했다. 두둑한 세뱃돈에 엄마와 아들이 기분 좋은 밤, 조이가 잠자리에 들기 전에 기도를 했다.

"엄마, 조이가 기도할래. 하나님 감사합니다. 오늘도 아빠랑 엄마랑 조이랑 온유랑 함께해주셔서 감사합니다. 내일도 할머니 집에 있을 때 함께해주세요. 예수님 새해 복 많이 받으세요. 하나님도 새해 복 많이 받으세요. 예수님 이름으로 기도합니다. 아멘."

매일 말씀을 암송하면서 자연스럽게 예배가 삶의 중심이 되었다. 하나님의 말씀이 선포되고, 말씀에 의지해 기도하고, 함께하시는 하나님을 찬양하는 암송예배를 통해 우리 가족이 하나님을 더 가깝게 만나고 있음을 감사드린다.

: 축제처럼 즐거운 예배

요즘은 "조이야, 예배드리자" 하면 제일 먼저 움직이는 사람이 온유다. 예배드리자는 소리를 알아듣고 형보다 먼저 암송책을 가지러 책장으로 갈 때도 있다. 손이 닿을 듯 말 듯한 책을 겨우 꺼내 들고서 비틀거리며 와서 상 위에 올려놓는다. 그리고 기도손 준비가 끝나면 목사님 조이가 예배 인도를 한다.

피아노 의자를 강대상으로 삼고, 그 앞에 꼭 빨래 건조대를 세워놓아야 한다. 그래야 조이 목사님이 원하는 완벽한 강대상이 된다. 피아노 의자 위에 성경책과 장난감 마이크를 놓고 수시로 말씀을 전한다.

"엄마랑 온유랑 앉으세요. 조이 목사님이 말씀 전해줄게요. 먼저 기도하겠습니다."

이어서 찬양을 하는데 조이 목사님이 작사 작곡한 곡이라 잘 알아들을 수는 없지만 가사의 주된 내용은 '하나님, 십자가, 아멘'이다. 손을 들고 찬양했다가 율동을 했다가 온몸으로 찬양을 드린다.

조이 목사님이 큰소리로 외친다.

"할렐루야!"

엄마랑 온유는 꼭 화답을 해야 한다.

"아멘."

"할렐루야. 여러분, 오늘은 조이 목사님이 시편 말씀을 해줄게요. '복 있는 사람은' 엄마가 해보세요."

"복 있는 사람은 악인의 꾀를 좇지 아니하고…."

내가 시편 1편을 암송했다.

"잘했어요, 목사님 말씀을 잘 들으세요."

그러더니 한참을 뭐라고 말씀을 전한다. 그리고 만족스럽다는 듯 미소를 짓더니 축도한다고 눈 감으란다. 이날 조이 목사님의 반복적인 예배로 온유와 엄마는 네 번의 축도를 받았다.

예배 때 목사님의 모습을 눈여겨보았던지 그대로 흉내를 낸다. 하루에도 몇 번씩 할렐루야로 예배를 시작하는 장남 덕분에 요즘 우리 가족은 예배 충만이다.

온유는 형이 찬양하면 옆에서 박수 쳐주고, 기도할 때 기도하고, 형이 암송을 준비하면 책장을 넘기며 손가락으로 가리키느라 바쁘다. 형이 영어로 암송할라치면 암송책 맨 뒤에 넣어준 영어 시편을 펼치면서 '이거 하라'고 한다. 형이 손 유희로 암송하는 것도 옆에서 따라해주고 중보기도 시간에는 열심히 지구본을 돌리는 센스를 발휘한다. 마지막에 하나님께 드리는 영광의 박수도 놓치지 않는다. 예배위원으로 섬기는 온유 덕분에 암송예배에 더욱 기쁨이 넘친다.

날마다 우리에게 기쁨의 잔치를 열 수 있도록 인도해주시는 주님께 감사하다. 이 기쁨의 잔치에 주인이 되어주시는 그분이 있기에 너무 행복하다.

> 여호와께 그의 이름에 합당한 영광을 돌리며 거룩한 옷을 입고 여호와께 예배할지어다 시 29:2

: 성령님이 인도하시는 예배

아빠가 인도하는 가정예배 시간엔 평소 암송예배 때보다 깊이 있는 기도를 하게 된다. 그날도 중보기도 시간에 성령님의 도우심을 간구하며 기도할 제목을 주시길 기다리다, 성령님께서 동일한 기도제목을 주셔서 함께 기도했다. 그런데 기도하는 중에 나도 모르게 눈물이 쏟아졌다.

옆에 있던 조이가 휴지를 꺼내와 내 눈물을 꾹 눌러 닦아주더니 "엄마! 너무 세게 기도해서 눈물이 나와요?" 하고 어깨를 감싸고 등을 토닥여준다. 그러고는 "엄마 또 세게 기도해서 눈물이 나면 얘기해요" 하고 손에 휴지를 들고 있다.

그렇게 중보의 시간이 끝나고 한 사람씩 돌아가면서 하나님의 성품을 찬양하는데 조이가 "성령 하나님께서 기도하게 하심을 찬양합니다" 한다.

성령 하나님이 조이에게도 함께하심이 얼마나 감사한지, 너무 감사하고 기뻐서 하나님께 영광의 박수를 힘차게 올려드렸다.

가정예배를 통해 조이의 믿음의 고백들을 듣게 된다. 다섯 살이 되고, 시작 기도를 자진해서 하는데 기도의 내용이 사뭇 깊어졌다.

"하나님 감사합니다. 오늘은 아빠랑 엄마랑 조이랑 온유랑 가정예배드려요. 함께해주세요. 기도도 많이 하고, 공부도 많이 하고, 암송도 많이 해서 하나님의 자녀되게 해주세요. 그리고 내일 어린이집에 가요. 어린이집에 가서 싸우지 않고 친구들이랑 사이좋게 지내고 친구들을 사랑하게 해주세요.

내 마음에 하나님의 하트가 있어요. 그러니까 예수님되게 해주세요. 그리고 온유가 아팠는데 하나님이 치료해주셨어요. 감사해요. 약도 잘 먹게 해주시고, 엄마 아빠한테도 하트가 있는데 엄마 아빠도 사랑하게 해주세요. 예수님 이름으로 기도드렸습니다. 아멘~!"

'하나님의 하트가 있다'는 말은 하나님의 사랑이 자기 마음에 있다는 뜻인 거 같다. '예수님이 되게 해달라'는 것은 아마도 예수님을 닮게 해달라는 뜻일 게다.

하루는 아빠의 말씀이 끝나고 아빠가 기도하려고 하는데 조이가 불쑥 기도하겠다고 해서 그렇게 하도록 했다.

"하나님 감사합니다. 오늘 온유랑 엄마랑 아빠랑 가정예배 드렸어요. 아빠가 야곱 이야기를 해주셨는데 야곱은 하나님 말씀을 잘 들었어요. 우리의 죄 때문에 예수님이 십자가에 못 박히셨어요. 손에도 동그라미가 있고 발에도 동그라미가 있고 (머리를 가리키며)여기서는 피가 많이 나서 많이 아프신데 십자가에 못 박히셨어요. 우리가 예수님의 자녀가 되게 해주세요. 우리의 죄 때문에 십자가에 못 박히셨는데 하나님이 치료해주세요. 그리고 엄마랑 성경놀이 할 때 말씀을 잘 들어야 되는 거라고 했어요. 하나님 말씀을 잘 듣게 해 주세요. 예수님의 이름으로 기도드렸습니다. 아멘~!"

"우리의 죄 때문에 십자가에 못 박히신 예수님"이 생각이 났나보다. 조이의 기도대로 손과 발의 못자국과 가시관을 쓰신 예수님을 생각하니 그 사랑에 감사해서 가슴이 찡해졌다. 사순절 기간에 조이의 입술을 통해 십자가의 주님을 생각하게 하심을 감사드렸다.

기도를 마친 조이가 불쑥 "아빠 엄마, 우리 이제 새벽기도 드려요~!" 해서 깜짝 놀랐다. 그렇지 않아도 이튿날부터 아이들과 새벽 기도회에 가려고 했던 참이었기 때문이다. 우리에게 동일한 마음을 주신 성령님께 감사했다. 함께 가족과 동역자들을 위해 중보하고 하나님의 성품을 찬양하고 주기도문으로 예배를 마쳤다.

✻ 성경암송 훈련으로 얻는 10가지 유익 ✻

1. 자신감을 심어준다

2. 집중력이 길러진다

3. 자제력을 갖게 한다

4. 암기력이 놀랍게 향상된다

5. 학업성적도 향상된다

6. 성격이 밝아지고 긍정적으로 변한다

7. 정직하고 성실한 품성이 길러진다

8. 청소년기에 갈등 없이 신실하게 자란다

9. 부모에게 효도하고 형제사랑이 돈독해진다

10. 가정예배를 암송 중심으로 드리게 된다

– '303비전성경암송학교' 제공

✷ 우리 집은 예배중!

<암송예배 순서>

인도자: 이조이 형제님

1. <엄마와 함께 암송한 하나님 말씀을>,
   <303비전 꿈나무송> 찬양 ················· 다같이

2. 기도 ·································· 이조이 형제님

3. 이사야 43장 1절 암송 ·············· 이조이 형제님

4. 성경암송 ································ 다같이

5. 중보기도 ································ 다같이

6. 하나님 성품을 찬양 ······················ 다같이

7. 주기도문 ································ 다같이

8. 하나님께 영광의 박수 ···················· 다같이

✷ 우리 가정은 이렇게 암송예배를 드린다. 암송예배는 15분 안에도 끝나기도 하고, 30분이나 1시간가량 할 때도 있다. 찬양이 길어질 수도 있고, 암송을 길게 할 때도 있다.

1. 찬양 - 기쁨으로 신나게

대부분 〈엄마와 함께 암송한 하나님 말씀을〉, 〈303비전 꿈나무송〉을 하지만 아이들이 원하는 곡으로 할 때도 있다. 아이들과 함께 기쁘고, 즐겁고, 신나게 찬양을 한다.

2. 기도 - 인도자의 지시대로

예배를 여는 기도는 대부분 조이가 하지만 "오늘은 엄마가 기도하세요" 하면 인도자의 말에 순종하여 엄마나 아빠가 기도를 한다. 말씀을 잘 새기고, 심긴 말씀이 잘 자라 역사하기를, 하나님께 드리는 기쁨의 예배가 되기를 기도한다.

3. 말씀 선포 - 이사야 43장 1절

암송하기에 앞서 우리를 지명하여 부르신 하나님의 말씀을 되새기기 위해 이사야 43장 1절 말씀에 아이 이름을 넣어 선포한다.
"조이야, 온유야! 너를 창조하신 여호와께서 지금 말씀하시느니라. 조이야, 온유야! 너를 지으신 이가 말씀하시느니라. 너는 두려워하지 말라. 내가 너를 구속하였고 내가 너를 지명하여 불렀나니 너는 내 것이라."

4. 성경암송

아이들이 암송하고 있는 말씀을 암송하고 또 새로운 말씀을 새기는 시간도 갖는다. 암송하는 분량이 많아지면서 하루에 일정량을 나누어 암송을 하되, 3일에 한 번은 전체적으로 암송하여 새긴 말씀이 지워지지 않도록 한다. 전체 분량을 암송할 때는 아이가 다소 힘들어 할 수 있기에, 엄마와 한 절씩 주고받거나 유희 등 여러 방법을 동원해 즐겁게 암송할 수 있도록 도와준다.

5. 중보기도

아이가 지구본을 돌려 나라를 지명하면 그 나라를 위해 중보기도를 한다. 그밖에 기도가 필요한 가족과 동역자를 위해서도 기도한다.

6. 하나님의 성품을 찬양

"목자 되신 하나님을 찬양합니다."
"엄마, 아빠, 온유를 주신 하나님을 찬양합니다."
"예쁜 옷과 책을 주신 하나님을 찬양합니다."
"지구를 주신 하나님을 찬양합니다."
매일 하나님의 성품을 찬양하는 훈련을 한다.
숙련된 인도자 조이는 "엄마 아빠는 어떤 하나님을 찬양해요?"라고 묻고, 아직 말을 잘 못하는 온유에게도 "온유야, 넌 어떤 하나님을 찬양해?" 하고 물어본다. 각자 하나님의 성품을 찬양하는 시간을 통해 은혜와 감사를 누리는 시간을 갖는다.

7. 주기도문

아이들 버전의 〈주기도문송〉을 부른다. 아이들은 상을 두드리기도 하고, 춤을 추기도 한다.

8. 하나님께 영광의 박수

영광 받기 합당하신 하나님께 두 손을 머리 위로 올려 힘차게 박수를 올려드리며 예배를 마친다.

〈가정예배〉

인도자: 아빠

1. 기도 ··· 아빠

2. 신앙고백(사도신경) ·· 다같이

3. 말씀 선포 ··· 아빠

4. 중보기도 ·· 다같이

5. 하나님 성품을 찬양 ······································· 다같이

6. 주기도문 ·· 다같이

7. 하나님께 영광의 박수 ···································· 다같이

* 일주일에 한 번은 아빠의 인도로 가정예배를 드린다. 이 날은 암송하는 시간이 없거나 있어도 짧고, 대신 아빠가 전해주시는 말씀을 듣는다. 암송예배보다 좀 더 길게 중보기도의 시간을 갖는다. 우리집 제사장인 아빠의 영적 권위에 순복하며 기쁨으로 드리는 가정예배도 은혜의 시간이다.

꼬마 예배자로 세우라

: 엄마가 먼저 헌신하는 예배

하나님께서는 우리가 예배하길 원하신다. 아이들도 예외는 아니다. 아직 어리지만 하나님의 존귀한 아들이며 예배자이기 때문이다. 하나님은 모든 사람의 예배를 다 받으시는 것이 아니라 진정으로 예배하는 자들을 찾으신다고 말씀하셨다.

아버지께 참되게 예배하는 자들은 영과 진리로 예배할 때가 오나니 곧 이 때라 아버지께서는 자기에게 이렇게 예배하는 자들을 찾으시

느니라 하나님은 영이시니 예배하는 자가 영과 진리로 예배할지니라

요 4:23,24

조이와 온유도 하나님이 찾으시는 진정한 예배자가 되기 위해 매일 전심으로 노력하고 있다.

동역자 집사님들의 조언 대로 교회에서 예배드리기 몇 시간 전부터 예배 태도에 대해 아이에게 얘기해주었다. 교회로 출발하기 전, 가는 차 안에서, 내려서, 교회 입구에서, 자모실(字母室:예배당 한쪽에 아이와 엄마를 위한 공간)에서, 예배 시작 전까지 수십 번을 얘기하고 예배에 임했다. 대형교회의 특성상 자모실의 분위기가 워낙 어수선한지라 예배 훈련에 임하기가 쉽지 않은데, 조이의 예배 태도는 훈련할수록 좋아졌다.

조이가 예배 훈련을 시작한 뒤로 움직임도 많이 적어지고 태도가 양호해진 건 사실이지만, 좋아하는 친구만 만나면 언제 그랬냐는 듯 행동이 흐트러지곤 했다.

하루는 자모실에 들어서는 순간 평소 친하게 지내는 아이의 친구들이 보였다. 분위기가 심상치 않을 것 같아 미리 일러두었다.

"예배 시간에 예쁘게 앉아서 하나님께 예배드려야 해. 돌아다니거나 떠들거나 다른 사람들 예배를 방해하면 안 돼, 알았지?"

우렁차게 잘하겠노라 대답하는 아이에게 예배 직전에 마지막으로

또 한 번 상기시켜주고 예배가 시작되었다. 초반에는 앉아서 잘 있는 듯하더니, 아니나 다를까 동지들과 함께 흐트러지기 시작했다. 엄마의 눈빛과 말로 몇 번의 경고가 들어갔지만 동지들 속에서 내 눈치를 슬슬 보면서 예배에 집중하지 못했다. 예배가 끝나고 조이에게 조용하고 진지하게 말했다.

"조이는 오늘 예배드리는 태도가 예쁘지 않았어. 그래서 집에 가서 엄마가 맴매할 거야. 엄마랑 한 약속 안 지키고 불순종해서 한 대, 다른 사람들 예배 방해해서 한 대."

아이는 집으로 오는 차 안에서 용서해달라고 애교 섞인 목소리로 나를 유혹했지만 돌아와서 약속대로 두 대를 맞았다. 물론 용서할 수도 있었겠지만 똑같은 잘못을 했을 때 또 그런 방법으로 피해갈 것이 분명하기에 약속대로 매를 들었다.

몇 달 후, 주일에 예배드리러 가기 전에 항상 하는 말들이 아이에게 각인이 되었는지 도리어 나에게 확인을 했다.

"엄마 예배드릴 때 돌아다니지 않고, 떠들지 않고, 예배 방해 안 하고 예쁘게 앉아서 예배드리는 거지요?"

그 후 아이는 나날이 예배 태도가 좋아졌다. 한번은 늘 함께 놀던 누나가 놀자고 왔는데 "돌아다니지 말고 앉아서 예쁘게 예배드려!" 하면서 호통을 치더니 '엄마 나 잘했지요?' 하는 표정으로 나를 쳐다보았다.

예배 훈련은 아이뿐 아니라 엄마에게도 큰 결단을 요구한다. 하루는 여섯 살과 아홉 살쯤 되어 보이는 형제가 예배 중에 딱지치기를 하고 있었다. 옆에 계시던 엄마가 주의를 주기를 바랐는데, 도리어 넌지시 옆을 보고 있는 조이에게 "너도 여기 와서 같이해" 하시며 그쪽으로 아이를 데려가려고 했다.

나는 "아닙니다. 얘는 예배드려야 해요" 하고 조이를 잡았다. 그분은 조금은 언짢은 표정으로 조이를 잡은 손을 놓았다. 순간 솔깃했겠지만 조이는 자리를 지키고 끝까지 예배를 드렸다. 예배가 끝나고, 나는 아이가 예배를 잘 드린 것에 대해 칭찬해주고 하나님이 기뻐하셨을 거라고 격려해주었다.

예배 훈련은 나만 잘 한다고 되는 것이 아니다. 가끔은 예측할 수 없는 방해가 많고 그 가운데서 심지를 지키는 것이 쉽지만은 않다. 그렇다고 포기할 수 있는 일이 아니기에 마음을 단단히 먹는다. 아이들을 예배자로 세우는 일에 부모의 헌신과 노력이 절실히 필요함을 매번 실감한다.

: 안식일을 기억하여 거룩히 지키라

아이가 진정한 예배자로 서길 기도하면서도 가끔 난관에 봉착할 때가 있다. 둘째의 출산 즈음이었다. 추석 명절과 출산이 겹칠 것을 우려해 조이를 부산으로 내려보내 연휴 기간 외할머니 댁에서 지내게 할 예정이었다.

금요일 저녁 아이의 짐을 챙기면서 남편도 나도 갑자기 놓치고 있던 것이 생각났다. 성수주일(聖守主日)! 우리가 동행하지 않는 이상, 친정에 믿는 분이 없기에 아이는 주일예배를 드리지 못하게 될 것이었다.

잠시 고민을 하다가 조이를 부산에 보내지 않기로 했다. 아이를 진정한 예배자로 세워달라고 매일 기도하면서 주일을 어기면서 내려보내는 것은 하나님이 기뻐하시지 않는 일이라는 것이 남편의 생각이었다. 그 말에 동감하면서도 나는 조금 갈등했다.

둘째의 출산도 그렇지만 부산에서 노심초사 아이를 기다리실 부모님을 생각하니 맘이 편치 않았다. 하지만 우리의 결정이 하나님이 기뻐하시는 것이기에 둘째 출산 환경도 조성해주시리라는 믿음이 생겼다. 불과 몇 시간 전까지만 해도 아이를 보낸다고 통화했던 터라 말을 번복하는 것이 쉽지 않았지만 지혜를 주셔서 적절하게 말씀드릴 수 있었다.

> 안식일을 기억하여 거룩하게 지키라 출 20:8

아이들이 세상과 타협하지 않고 철저하게 하나님 중심으로 살아갔으면 한다. 물론 아이들의 거울이 되는 남편과 나도 그렇게 하려고 노력할 것이다. 우리의 삶이 예배 가운데 있어야 어떤 상황에서든지 하나님을 기뻐하는 삶으로 살 수 있고, 예배를 통해 찬양과 경배를 드릴 때 하나님이 온전한 주인이 되실 수 있다고 생각한다. 그래서 아이들의 삶이 날마다 하나님께 드려지는 예배의 삶이 되기를 소망한다.

: 아가들의 예배 훈련

　태에서부터 말씀을 먹고 자라 말씀을 좋아하고, 품성이 온유하여 순하고 잘 웃는 온유에게도 예배 훈련은 필요했다. 형이 영아부 예배를 드리는 동안 온유는 나와 함께 탁아부 예배를 드린다.

　탁아부 예배는 36개월까지의 아가들이 엄마와 함께 드리는 예배다. 좌식으로 된 예배실에서 스크린을 보며 드리는 예배라 공간이 꽤 넓다. 탁아부 전도사님께서 아이들 수준에 맞게 짧게 말씀을 전하며 예배를 드린 후에 목사님 말씀이 시작되면 대예배 순서에 맞게 엄마들이 예배를 드린다. 이쯤 되면 하나 둘 아가들이 흐트러지기 시작해서 여기저기 돌아다니고, 뒤쪽에 마련된 놀이방에서 만들기도 하고, 간식을 먹기도 한다.

　둘째의 예배 훈련은 첫째 때와 마찬가지로 예배 시간에 돌아다니지 않고 자리를 지키는 것부터 시작했다. 많은 사람들이 함께 예배를 드리기 때문에 아이가 돌아다니면 예배에 방해가 되기 때문이다. 하지만 넓은 공간과 어수선한 상황에서 예배 훈련을 하기란 정말 쉽지 않다. 아이를 묶어둘 수도 없고 한 시간 내내 안고 있을 수도 없기에 최소한의 반경 안에서 자리를 지키도록 훈련하고 있다.

　순종 훈련과 같이 하고 있어서 엄마 말을 들을 거라 생각했지만,

그건 내 생각일 뿐이었다. 내가 말씀에 잠깐 집중한 사이 아이가 사라졌다. 주위를 둘러보니 강대상 스크린 밑에서 놀고 있었다. 순간 첫째 아이의 어릴 때 모습이 떠올랐다. 비장한 각오로 녀석을 안고 오는데 엄마랑 잡기 놀이라도 하는 줄 아는지 연신 발을 동동거리며 좋아한다.

잡아와서 팔을 강하게 잡고 눈을 맞추며 말했다.

"이온유! 예배 시간에 돌아다니면 안 돼! 앉아. 돌아다니지마. 돌아다니면 엄마한테 혼날 거야!"

나의 눈빛에 아이는 도리어 실실 웃으며 뒷걸음질치면서 강대상으로 돌진했다.

결코 만만한 상대가 아니다. 하지만 조이를 보며 위로를 삼는다. 매주 강대상을 독무대 삼아 활개를 치던 아이가 이제는 멋지게 예배를 드리고 있지 않은가. 물론 흐트러질 때도 있지만 계속해서 훈련하고 있기에 더 나은 모습을 기대할 수 있으리라.

원석을 발견해도 깎고 다듬지 않으면 그 진가를 발견할 수 없듯이 온유 역시 깎고 다듬는 훈련의 시간을 거쳐야만 진정한 신인류로 거듭날 수 있으리라. 엄마는 다시금 마음을 담대하고 강하게 먹는다. 한두 번에 고쳐진다면 어찌 훈련이라고 말할 수 있겠는가. 반복하고 또 반복해야만 한다.

'주님, 제게 맡겨 주신 두 아이를 제 뜻이 아닌 하나님의 뜻대로 양육할 수 있는 지혜를 허락하시고 기도할 때마다 말씀으로 정확하게 이끄시어 가장 필요한 것이 무엇인지 알게 해주세요. 두 아들을 하나님 손에 올려드립니다. 함께해주시고 인도해주세요. 예수님의 이름으로 기도합니다. 아멘.'

: 꼬마 예배자의 고백

　온유가 배 속에 있었을 때, 피아노 앞에 앉아 찬양을 자주 부르곤 했다. 그날도 오랜만에 피아노를 치며 찬양을 하려는데, 조이도 냉큼 달려와 내 옆자리에 앉았다. 찬양을 부른 지 얼마 지나지 않아 조이가 울기 시작했다. 제법 소리 내서 울기 시작하더니 쉽사리 멈추지 않았다.

　"조이야, 왜 그래? 왜 울어?"

　"엄마, 안아주세요. 안아주세요."

　간만에 엄마가 찬양 좀 하겠다는데 왜 안 도와주나 싶어, 무시하고 계속 피아노를 치면서 혼자 은혜의 시간을 즐겼다. 옆에서 계속 울어대는 장남이 조금은 안쓰러워, 좋아하는 〈방귀대장 뿡뿡이〉와 〈야채극장 베지테일〉 주제가를 한 번 쳐주었는데도 계속 운다.

　"엄마, 안아주세요. 안아주세요."

　아이가 자꾸 방해하는 것 같아 짜증이 밀려왔지만 꾹 참고 있었다. 결국 조이를 안은 채로 말했다.

　"엄마는 계속 찬양할게요."

"네."

얘가 괜찮다고 해서 나는 계속 찬양을 불렀다. 그런데 갑자기 녀석이 오른손을 펴서 위로 올리더니 "할렐루야" 하는 것이 아닌가. 깜짝 놀라서 피아노를 멈출 수밖에 없었다.

"조이 지금 '할렐루야' 한 거야?"

"네."

"우리 조이 찬양이 은혜로워서 운 거예요?"

"네… 엉~엉~엉~."

"…."

한동안 찬양도 아무 말도 할 수가 없었다. 그냥 아이를 꼭 안아주었다. 내 마음에도 작은 감동과 감격의 물결이 일었다.

'그래, 그랬구나! 나만 찬양으로 은혜받는 게 아니었구나.'

어린아이에게도 찬양의 감격과 기쁨이 있다는 것을 잊고 있었다. 갑자기 아이에게 미안해졌다.

"엄마가 조이 마음 몰라줘서 미안해요."

하나님을 찬양하는 것은 성도들의 삶의 고백이다. 목동이었던 다윗이 들판에서 수금으로 하나님을 찬양하고 왕이 되어 보좌에서 옷이 벗겨질 정도로 하나님을 찬양했던 것처럼, 언제 어디서나 하나님을 찬양하고 기뻐하며 주의 이름을 높이는 고백이 두 아이의 삶에 가득하기를 소망한다.

어디서 무슨 일을 하든 진정한 예배자로 살아간다면 아이들이 밟는 모든 땅이 주를 예배하고 주의 향기로 물든 거룩한 곳이 될 것이다. 내가 좋아하는 〈예배자〉란 찬양의 내용처럼 아이들이 '아무도 예배하지 않는 곳에서 주님을 예배하고, 아무도 찬양하지 않는 곳에서 주님을 찬양하고, 누구도 헌신하지 않는 곳에서 주께 헌신하고, 누구도 증거하지 않는 곳에서 주님을 증거하기를' 소망한다.

하루는 조이가 영아부 예배를 드리고 집에 와서는, 갑자기 "엄마나 찬양할래요" 하더니 자기가 작사 작곡한 찬양을 하며 돌아다녔다.

"하나님~ 사랑해요. 하나님~ 사랑해요. 예수님~ 사랑해요. 예수님~ 사랑해요. 예수님~ 만나고 싶어요. 예수님~ 만나고 싶어요."

"조이야, 예수님 만나고 싶어?"

"네."

"예수님 만나면 뭐 하고 싶은데?"

"사랑한다고 말할 거야."

어찌 예수님이 어린아이들을 사랑하지 않으실 수 있을까. 저 어린 입술의 고백에 내 마음이 이리 기쁘고 설레는데…. 예수님이 들으시고 얼마나 기뻐하실까 생각하니 가슴이 벅찼다. 아이의 찬양이 계속되는 동안 나도 함께 '예수님 사랑해요'를 맘속으로 함께 고백하며 기도했다.

'예수님 우리 조이 꼭 만나주세요.'

기도의 용사로 키우라

: 주여 삼창과 할렐루야

성경암송을 하고 암송예배를 드리면서 자연스럽게 이어진 훈련이 기도 훈련이다. 암송하는 말씀을 붙들고 기도하다보면 그 안에 회개와 감사와 축복이 고스란히 들어가게 된다. "조이야, 기도는 이렇게 해야 해" 하고 특별하게 가르쳐 준적은 없다. 다만 아플 때나 기도해야 할 일이 생겼을 때 수시로 아이들과 두 손을 모았던 것들이 자연스럽게 기도의 습관으로 자리 잡은 것 같다.

조이가 두 돌이 되었을 즈음 늘 그렇듯 잠자기 전에 남편과 나,

조이가 손잡고 기도를 하는데 이날은 왠지 아이에게 기도를 시키고 싶었다.

"조이가 기도할까요?"

"네."

"그럼 조이가 기도하세요."

"아버지**아빠**엄마**할머니**아가 *** 아멘."

비록 알아들을 수 있는 단어는 몇 개 안 되었지만 아이가 기도를 마치고 나니 나와 남편의 눈에서 감격의 눈물이 펑펑 쏟아졌다. 드디어 아이의 입에서도 '아멘'만 할 수 있는 게 아니라 스스로 기도할 수 있다니! 또 그 기도를 들으실 주님을 생각하니 솟아나는 흥분을 감출 수가 없었다.

조이가 33개월 무렵 두 손을 번쩍 들고 "주여"를 두세 번씩 외치는가 하면, 장식장에 있는 작은 십자가를 내려놓고 "할렐루야, 아멘" 했다가 "주여" 했다가 "예수님 이름으로 기도합니다. 아멘" 하면서 기도하는 모습을 자주 보였다.

또 누가 아프다고 하면 쪼르륵 달려와서 아픈 부위에 손을 올리고 기도해주었다.

"조이가 기도했어. 이제 안 아프지?"

어찌나 믿음이 좋은지 꼭 확인을 한다. 자기 전에도 꼭 기도했다.

"하나님, 감사합니다. ****** 예수님 이름으로 기도합니다. 아멘"

중간 부분엔 자기만의 언어로 한참을 기도한다. 이런 것들을 따로 가르치지 않았지만 교회 예배와 가정예배를 통해 배운 것 같다. 조이의 주여 삼창(三唱)과 할렐루야 소리를 들을 때마다 깊어지는 조이의 영성에 감사했다.

모처럼만에 컴퓨터를 하며 한가한 시간을 보내고 있었다. 그런데 조이가 상기된 목소리로 나를 찾았다.

"엄마, 엄마! 빨리 좀 와봐요."

"왜? 무슨 일인데?"

"빨리 좀 와봐요! 온유가 기도해요. 열심히 기도해요."

조이에게 이끌려서 나가 봤더니 6개월에 들어선 온유가 한참 혼자 뒤집기를 시도하면서 두 손을 다부지게 부여잡고 있었던 것이다.

"봐요. 온유가 기도하지?"

형의 눈에는 동생이 두 손 모으고 있는 모습이 기도하는 것처럼 보였던 것이다. "보는 게 보배"라고 했던가. 조이의 마음과 눈 속의 모든 것이 하나님의 세계관에 있다는 것이 참 감사했다.

> 너희가 내 이름으로 무엇을 구하든지 내가 행하리니 이는 아버지로 하여금 아들로 말미암아 영광을 받으시게 하려 함이라 내 이름으로 무엇이든지 내게 구하면 내가 행하리라 요 14:13,14

매일 드리는 가정예배를 통해 기도가 두 아이의 삶에 자연스런 일부분이 되고 있어 감사하다. 하루의 죄를 돌아보며 용서를 구하고, 범사에 늘 감사하고, 아플 때마다 치유를 간구하며, 나라와 민족과 가족을 위해 기도하고, 수시로 서로를 위해 축복하는 이 시간들을 통해 아이들은 하나님을 의지하는 삶을 체득하게 될 것이다.

> 모든 기도와 간구를 하되 항상 성령 안에서 기도하고 이를 위하여 깨어 구하기를 항상 힘쓰며 여러 성도를 위하여 구하라 엡 6:18

: 주님과의 약속 시간

남편은 주로 밤 11시부터 개인 기도 시간이라 나도 그 시간을 배려해준다. 하루는 늦게까지 조이가 자지 않고 놀고 있었다. 남편은 다른 방에서 기도 중이었고 나는 이것저것 하느라 컴퓨터 앞에 앉아 있었.

조이가 놀다가 심심했는지 와서 계속 안아달라고 보채길래 무심결에 "아빠한테 가서 안아달라고 해" 했더니 버럭 화를 낸다.

"엄마! 아빠 기도하잖아."

'앗!'

"미안해. 아빠 기도하고 계시지."

아닌 것 같아도 아이들은 부모를 다 지켜보고 관찰하고 느끼고 있음을 알았다.

자기 전에 항상 기도하는 것이 아이에게 습관이 된 후로는 엄마 아빠의 기도를 그대로 따라했다. 아이가 한 소절씩 따라하다 보니 덕분에 기도 시간이 엄청 길어졌다.

어느 날 아이가 일찍 잠들어서 남편과 내가 기도를 생략하고 자리에 누우려는 찰나 아이가 깼다. 우리는 얼른 다시 재울 생각으로 불을 끄고 자는 척 했더니 녀석이 벌떡 일어나서 말한다.

"엄마, 기도 안 했잖아. 아빠도 기도 안 했잖아."

순간 어찌나 뜨끔하던지 "어 그래" 하고 얼른 일어나서 기도했다. 기도가 끝나니 아이는 "이제 자는 거야. 잘 자요" 하고 눕는 것이었다. 주님과 약속한 시간을 잊지 않은 아이가 기특했다. 반면 대충 얼버무리며 기도를 건너뛰려고 했던 우리는 주님께 부끄럽고 죄송스러웠다.

삶으로 가르치는 것이 참 어렵지만 최고의 방법인 것만큼은 분명하다. 부모가 기도하는 모습을 보고, 또 함께 손을 모으고 기도함으로 아이들이 기도의 사람으로 장성해가리라 믿는다. 날마다 우리의 기도에 세밀하고 신실하게 응답해주시는 주님이 늘 함께하시기에 오늘도 아이들과 두 손을 모은다.

∶ 아빠의 골방기도

남편은 총각 시절 '사찰(査察) 집사'라 불릴 정도로 교회에 자주 가서 기도했다고 한다. 하나님 앞에서 신앙만큼은 철저하게 보수적이야 한다며 곧은 심지를 가지고 우리 집 제사장으로서 최선을 다하는 남편의 모습에서 참 많은 것들을 배운다.

남편은 믿음의 가정을 꿈꾸며 배우자와 아이들을 위해 중학교 때부터 기도해왔다고 한다. 어릴 때부터 기도했던 배우자 기도의 응답이 바로 나라며 늘 감사하고 아껴주는 마음속에서 큰 사랑을 느낀다.

외출하고 돌아온 저녁, 조금 늦은 시간에 잠자리에 들었다. 축복기도가 끝나고 남편은 기도하러 옆방으로 가고, 나는 아이들을 재우기 위해 나란히 누워 있는데 조이가 불쑥 말한다.

"엄마, 아빠는 욕심쟁이에요."

"엥? 아빠가 왜 욕심쟁이야?"

"아빠는 기도하는 욕심쟁이에요."

"하하하! 조이 표현이 재밌다. 근데 왜 기도하는 욕심쟁이야?"

"아빠는 우리랑 같이 안 자고 자꾸자꾸 기도만 하잖아요. 그러니까 아빠는 기도하는 욕심쟁이에요."

조이가 늦게 잘 때 아빠가 기도 시간을 지키느라 함께 있어주지 못해 서운했나보다. 순간 나는 어떻게 생각하는지 궁금해졌다.

"조이야, 그럼 엄마는 뭐야?"

"음…, 엄마는 장난꾸러기에요."

"왜?"

"그냥요~!"

말씀쟁이나 암송쟁이 같은 근사한 별명을 기대했는데…. 엄마도 거룩한 것에 욕심쟁이가 되고 싶다.

남편의 간절한 기도로 우리 가정에 조금씩 열매가 맺혀지고 있어 감사하다. 부족했던 나와 아이들의 모습이 은혜 가운데 변화되고 있는 것을 보며 남편의 기도를 들으시는 살아계신 하나님을 날마다 고백한다.

아이들이 커서 "엄마는 이렇게 저희들과 함께 공부하고 암송했는데 아빠 이야기는 왜 없어요?" 하고 물을지도 모르겠다. 훗날 아이들에게 엄마는 보이는 곳에서 너희들과 함께했지만 아빤 늘 하나님 앞에 머무르며 너희들과 함께했었다고 얘기해주고 싶다.

"조이야, 온유야, 아빠는 하나님을 너무나 사랑하고 그 사랑을 받아 너희에게 베푸는 분이란다. 너희가 태어나기 전부터 믿음의 유업인 너희와 너희 배우자를 위해서 기도하는 분이고, 가족의 구원을 위해 날마다 부르짖는 분이며, 나라와 민족과 열방을 위해 중보하고, 우리의 모든 필요를 위해 전적으로 하나님을 의지하는 분이야. 눈물로 기도하는 아빠를 우리에게 허락하신 하나님께 감사드리자! 이런 멋진 아빠를 닮아 너희들도 멋진 아빠가 되기를 기도해. 사랑한다."

: 기도의 응답을 믿고서

주일 오후 1시 20분에 영아부 예배가 있어 집에서 점심을 먹고 나가면 시간이 애매할 때가 있기에 못 먹고 가는 날은 예배 전이나 후에 꼭 빵이나 떡을 먹이곤 했다. 하루는 주일 예배를 드리러 가는 차 안에서 조이가 계속 빵을 사달라고 졸랐다. 시간을 보니 늦을 것 같았다.

"조이야, 빵을 먹고 가면 예배에 늦어서 안 돼. 예배 시간에 늦으면 안 되지? 배고파도 조금만 참자. 예배 예쁘게 드리고 나면 엄마가 사줄게. 조이가 너무 먹고 싶으면 기도해보자. 오늘 예배 후에 간식으로 빵이 나오게 말이야. 마태복음 7장 말씀에 있지? '구하라 그러면 주실 것이요' 조이가 하나님께 기도하면 주실 거야."

"하나님, 감사합니다. 조이가 빵 먹고 싶어요. 빵 주세요. 예수님 이름으로 기도합니다. 아멘."

"잘했어. 엄마가 예배드리고나서 빵 사줄게."

아이를 간신히 달래서 예배실로 들여보냈다. 그리고 온유와 함께 탁아부 예배를 마치고 조이를 데리러 영아부 예배실로 갔다. 마침 예배가 끝나고 아이들이 둘러앉아 간식을 먹고 있었다. 늘 간식으로 과자가 나오는데 아이들이 빵을 먹고 있는 게 아닌가! 조이의 기도를 하나님께서 응답해주셨다. 아이도 신기한 듯 빵을 들어 보였다.

"엄마 이것 봐요. 빵이 나왔어요."

"정말 그러네. 조이 기도를 하나님이 들어주셨네."

한편 부끄러웠다. 아이에게 기도를 시키긴 했지만 설마해서 빵을 사주려고 했는데, 나의 믿음 없음을 바로 회개했다.

일주일이 지나고 다시 주일이 왔다.

"엄마 떡 먹고 싶은데요."

"기도해봐. 하나님이 또 주실 거야."

그런데 정말 놀랍게도 그날 간식이 떡이었다. 이런 일들을 통해 아이가 조금씩 기도의 능력을 배워가는 것 같았다. 의심 없는 어린아이의 믿음이 하나님이 기뻐하시는 참 믿음이 아닐까? 자기가 암송하는 말씀대로 이루어주시는 하나님을 경험하는 것 또한 얼마나 감사한지. 구하는 자에게 좋은 것으로 주시는 하나님, 마음의 소원을 이루어주시는 하나님께 너무나 감사했다.

또 여호와를 기뻐하라 그가 네 마음의 소원을 네게 이루어주시리로다

시37:4

조이의 기도가 또 한 번 나를 부끄럽게 한 일이 있었다. 남편이 지휘를 맡고 있는 청소년 교향악단에서 연주를 동반한 일본 여행이 예정되어 있었다. 가족 모두 가기로 했던 터라 기대로 부풀어 있었는데 여러 가지 사정으로 일정이 취소되었다. 그래서 선상(船上)에서 아빠 연주를 들어볼 수 없게 되었다.

일본 여행을 앞두고 암송예배 때마다 일본을 위해 중보하며 준비했는데 너무나 아쉬웠다. 암송예배 시간에 중보기도를 드리기 위해 조이가 지구본을 가져와 일본을 가리키며 말했다.

"엄마 우리 열 밤 자고 배 타고 여기 '일본' 가죠? 그래서 기도하는 거죠?"

함께 배 타고 다른 나라에 가는 것에 들떠 있었는데 못 가게 된 것에 낙심할 아이에게 조심스럽게 얘기했다.

"조이야, 미안하지만 일본에 못 가게 되었어. 갑자기 사정이 생겼어. 하지만 조이가 중보한 건 하나님께서 기쁘게 받으시고 응답해주실 거야. 다음에 기회가 생기면 꼭 가자. 알았지?"

"정말요? 에이, 그럼 하나님께 기도해야겠다!!"

"뭐라고 기도할 건데?"

"괜찮다고요, 다음에 가게 해달라고요."

여행의 좌절 소식을 듣고 서운해하고 쉽게 포기해버린 나와는 달리 낙심치 않고 다음을 기대하며 기도한다는 아이의 말에 부끄러워졌다.

1. 축복기도

아빠가 장남 조이에게 막중한 임무를 맡겼다. 아빠가 오케스트라 일로 강릉에 가시고 안 계실 때 아빠를 대신해서 동생을 돌보고 사랑해주고, 엄마를 보호해주는 우리 집 두 번째 가장(家長)이라고 말이다. (올해 남편이 서울로 직장을 옮기면서 5년간의 주말부부 생활은 끝이 났다.) 그래서 아빠가 없는 날은 아빠 대신 잠자리에 들기 전에 동생과 엄마를 위해 머리에 손을 얹고 축복기도를 했다. 누가 시키지 않아도 자동이다. 먼저 동생의 머리에 손을 얹고 기도한다.

"하나님 감사합니다. 우리 온유를 축복합니다. 아직 말을 못하는데 빨리 말을 하게 해주셔서 암송하게 해주세요! 그리고 온유가 아파요, 낫게 해주세요. 예수님 이름으로 기도합니다."

이어서 엄마 머리에 손을 얹고 기도를 한다.

"하나님, 예수님, 주님 감사합니다. 우리 엄마를 축복합니다. 우리 엄마는 하나님께로부터 보내심을 받은 사람인데 축복해주세요! 예수님 이름으로 기도드렸습니다. 아멘!"

아빠가 계실 때도 두 번째 가장이 불을 끄고 "기도합시다"를 외치고 기도가 끝나야 잠을 잘 수 있다.

"하나님 감사합니다. 오늘도 엄마랑 아빠랑 조이랑 온유랑 함께해주셔서 감사합니다. 하나님 성령님 내일도 엄마랑 온유는 있고 아빠는 강릉에 가고 조이는 어린이집에 가니까 또 함께해주세요. 그리고 하나님 회개합니다. 용서해주세요. 이제 엄마랑 온유랑 조이랑 아빠랑 잡니다. 잘 자게 해주세요. 예수님 이름으로 기도합니다. 아멘."

'성령님'과 '회개'라는 단어는 조이의 기도에서 처음 듣는 것이었다. 회개의 구체적인 내용은 모르겠지만, 가정예배를 드리면서 항상 성령님을 초청하고 회개하는 시간을 갖는 것들이 자연스럽게 아이에게 인식되었나 보다. 아이를 재운 후 나는 주님께 기도를 드렸다.

'주님, 조이가 사무엘처럼 어려서부터 하나님의 음성을 듣고 하나님의 권능을 나타내는 사람이 되게 하소서. 모세가 사람이 친구와 이야기하듯 하나님과 이야기했던 것처럼 조이가 하나님과 친밀한 교제를 하게 하소서. 믿음으로 순종하던 아브라함처럼 믿음으로 전진하는 아이가 되게 하소서. 예수님 이름으로 기도드립니다. 아멘.'

2. 회개의 기도

가정예배를 드리면서 조이에게 어떤 것들을 잘못했는지 생각해보고 하나님께 회개하는 기도를 드리자고 했다.

"조이야! 오늘 뭐뭐 잘못했는지 생각해봐!"

"엄마가 뛰지 말라고 했는데 뛰다가 넘어졌어요."

"또? 뭐 잘못했어?"

"민서 누나랑 사이좋게 안 놀았어요."

"또?"

조이에게 잘못한 것에 대해 나열하게 하고 용서를 구하는 기도를 하게 했다.

새벽에 일찍 출근한 남편으로부터 전화가 왔다. 조심스럽게 지난밤 아이가 한 회개 기도에 대해서 아이 스스로 잘못한 부분에 대해 기도하게 하고 뭘 잘 못했는지는 일일이 캐묻지 말라는 부탁을 했다.

아이가 기도할 수 있는 분량만큼 하고 나머지는 성령님께서 함께 기도해주실 거라는 것과 자칫하면 아이가 정죄당하는 느낌을 받아 낙심할 수 있다는 것이었다.

맞는 말이었다. 난 미처 거기까지 생각을 못했다. 남편은 오히려 아이가 잘한 것을 함께 찾아보고 격려와 칭찬을 해주라고 부탁했다. 예전 같으면 이래서 저래서 하고 변명을 늘어놓았겠지만, 전적으로 남편의 말에 동감하며 알았다고 했다. 예배를 함께 드리는 동안 아무 말 하지 않고 따로 이야기해준 것이 참 고마웠다.

아이들이라도 성령님께서 그들 마음 가운데 계시고 죄를 지적해주시면 참된 회개의 기도를 드릴 것이다. 부모가 보든 보지 않든 아이의 마음에 심어진 말씀이 아이를 십자가 앞으로 인도할 것을 믿는다.

3. 치유의 기도

조이는 거의 매일 부산에 계시는 외조부모님과 통화를 한다. 하루라도 손자의 목소리를 듣지 않으면 잠을 못 이루시는 부모님께 아이의 목소리는 하루의 피로 회복제와 같다. 전화를 한다기에 걸어주고 잠시 다른 일을 하는데 조이가 수화기를 건넸다.

"엄마! 부산 할머니가 아니에요. 다른 할머니야."

친정엄마가 감기에 심하게 걸리셔서 목소리가 변하셨던 것이다. 아이에게 할머니가 아프셔서 그런 것이라고 설명을 하고 다시 전화를 바꿔주고 옆에서 함께 듣고 있었다.

"할머니, 아파요?"

"응, 많이 아파. 감기가 심해."

"할머니, 내일 아침에 내가 갈게요. 내가 가서 기도해줄게요."

"너무 멀어서 못 와요. 그냥 전화로 기도해줘요."

"안 돼요. 조이가 가야 돼요. 내가 가서 기도해야 돼요. 내일 꼭 갈 게요."

"그래… 조이야, 고맙다."

"엄마! 할머니가 너무너무 아프대. 조이가 내일 갈 거야!"

항상 아픈 곳이 있다고 하면, 손을 대고 기도하면 다 낫는다고 믿기에 할머니께도 직접 가서 손을 대고 기도해준다고 했다. 아이가 기도하면 낫는다는 믿음과 기도의 역사를 아낌없이 신뢰함에 감사했다.

한번은 내 왼쪽 눈에 다래끼가 나려는지 눈꺼풀이 묵직하고 아파서 병원을 찾았다. 둘째에게 수유하는 중이어서 먹는 약 처방 없이 안약 두 개만 받아왔다. 집에 와서 세 시간마다 넣으라는 약을 눈에 넣는데 조이가 왔다.

"엄마, 눈 아파요?"

"응."

"그럼 조이가 기도해줄게요. 하나님! 엄마 눈 '아야' 안 하게 해주세요. 예수님 이름으로 기도합니다. 아멘."

"고마워, 조이야."

한참 시간이 흘러 내가 또 안약을 넣으려고 하자 조이가 말했다.

"엄마, 눈 또 '아야' 해?"

"응. 엄마 눈에 다래끼가 나려고 해서 미리 약 넣는 거야."

"엄마, 근데 왜 아파요? 조이가 아까 기도해줬잖아."

아이의 믿음 앞에 함부로 약을 먹지도, 바르지도 못 하는 우리 부부는 조이가 기도하면 무조건 나아야 한다.

4. 열방을 향한 기도

암송예배 시간에 늘 중보의 시간을 가졌다. 우리가 암송을 하고, 공부하고, 하나님의 사람으로 사는 것이 나를 위한 것이 아닌 하나님의 나라가 열방(列邦)에 임하기를 위한 것임을 알려주기 위해 지구본을 동원했다. 아울러 하나님께서 이렇게 많은 나라를 만드셨고, 이 나라들을 위해 우리가 기도해야 한다고 말해주었다. 그것이 바로 중보기도라고 말이다. 성령님의 인도하심에 따라 매일 한 나라를 정해서 기도하기로 했다.

그날도 지구본을 돌리면서 어디를 위해 기도해야 하나 성령의 감동을 기다리고 있었다. 성령님께서 어떻게 역사하실지 모르기 때문에 가끔 아이에게 묻기도 한다.

"오늘은 어떤 나라를 위해 기도할까?"

"음… 애굽 땅이요."

순간 당황했다.

"출애굽기 20장 말씀에 나오는 애굽 땅?"

"네."

'애굽 땅이 어디더라?'

열심히 지구본을 돌리는 나를 남편이 거들어주었다.

"조이 이집트를 위해 기도할 거야?"

엄마는 그때서야 "아차" 했고, 머릿속에는 엉뚱하게 노래의 한 소절이 떠올랐다.

'하와이는 미국 땅, 대마도는 일본 땅, 독도는 우리 땅! 애굽 땅은 이집트다.'

어느 날 중국을 위해서 함께 기도했다. 중국이 어디에 있으며 어떤 나라인지 짧게 설명을 해주고 중국 위에 손을 올려놓고 기도했다. 지진으로 많은 사람이 죽었고, 그 가족들이 힘들어하고 슬퍼한다고 얘기했더니 눈을 동그랗게 뜨고 우리는 괜찮냐고 물어본다. 우리도 하나님이 한시라도 지켜주시지 않으면 안전할 수 없다고 했다. 그래서 기도해야 되는 거라고 했더니 고개를 끄덕인다.

하나님께 애통하는 마음과 긍휼한 마음을 달라고 먼저 기도했다. 그리고 하나님께서 고통받고 아파하는 중국 땅을 위로해주시고, 긍휼히 여겨주시고, 모든 우상이 깨어지고 하나님께 회개하고 돌아와 귀하게 쓰임받는 나라가 되게 해달라고 함께 기도했다.

우리 가정이 동역하는 사역자들 중 중국과 남아프리카공화국에 계신 분들이 있다고 아이에게 알려주었더니 그 뒤로 꼭 두 나라를 먼저 지명하고 다른 나라를 지명한다.

"하나님 감사합니다. 오늘은 중국과 남아프리카와 러시아와 캐나다를 위해서 기도합니다. 이곳을 축복해주시고, 남아프리카에는 권이 형아가 살고 있는데 기름으로 머리에 바르셨으니 그 잔이 넘치게 해주세요! 예수님 이름으로 기도합니다. 아멘!"

아이가 어떤 모양으로 어떻게 쓰임받을지 모르지만, 어릴 때부터 세계를 품고 기도한 만큼 중보했던 나라들에서 쓰임받았으면 좋겠다. 실제로 선교사님들 중에서 중보했던 나라에서 섬기고 계신 분들이 많다고 한다. 남편도 아이에게 "네가 지목하는 나라를 하나님께서 밟게 하실 수 있으니까 진심으로 기도해야 한다"라는 말을 하곤 했다.

하루는 중보기도를 하는데 "하나님, 오늘은 캐나다와 남아프리카를 위해서 기도해요. 우리가 캐나다와 남아프리카에 갈 거예요. 그 땅을 축복합니다. 예수님 이름으로 기도합니다. 아멘" 했다.

'…우리가?'

이제 매일 저녁 암송예배를 드릴 때마다 시작 기도와 중보기도의 대부분은 조이가 하고 있다. 물론 부족한 부분은 연이어 엄마나 아빠가 기도하기도 하지만 갈수록 무르익는 장남의 기도 앞에 엄마 아빠는 고개가 숙여진다.

기도하는 사람 역시 훈련되어야 한다. 기도도 습관화, 체질화가 되지 않으면 어느 한 순간에 '짠!' 하고 되는 것이 아니기에 어려서부터 열방을 품고 중보자로 살아가는 법을 배워야 한다. 무시로 하나님께 기도해야 하고 시간 내어 정한 때에 아버지 앞에 무릎 꿇는 것이 마땅하는 것을 알아야 진정한 예배자로 살아갈 수 있다.

"조이야, 이제 어두워졌으니까 그만 놀고 집에 가자!"
"네!"
크게 대답하며 이쪽으로 달려오는 조이를 보고 있는데,
뒤에 있는 아주머니 목소리가 들린다.
"저것 봐! 엄마가 가자고 하니까 친구는 가잖아!"
"싫어, 안 갈 거야!"
불만 가득한 아이의 목소리를 뒤로 하고
우리는 집으로 돌아왔다
가끔은 여러 훈련을 하면서도
열매가 보이지 않은 것처럼 느껴질 때가 있는데
이날처럼 구별되는 아이로 서가는 모습을 볼 때
감사와 기쁨이 넘친다

성품 훈련으로 열매 맺기

9장 순종과 정직으로 칭찬받는 아이

10장 섬김과 절제로 사랑받는 아이

09
순종과 정직으로 칭찬받는 아이

: 모든 훈련은 될 때까지

훈련이라는 것이 하나를 잘하면 다 잘하는데 하나가 흐트러지면 모든 훈련이 다 흐트러지곤 한다. 예배 시간 태도가 좀 좋지 않다 싶으면 순종 훈련, 식사 훈련을 비롯한 모든 훈련이 원점으로 돌아가는 식이다.

조이는 주말에는 말도 예쁘게 하고 잘 지내는데 월요일 어린이집에 갔다 오면 말도 짧아지고 행동도 흐트러진다. 그럴 때마다 일일이 바르게 잡아주는 것을 반복한다.

훈련의 모토가 '될 때까지'이기에 될 때까지 한다는 각오로 임하고 있다. 이런 훈련 모토를 정하게 된 계기가 있다.

하루는 교회에서 강대상을 휘젓고 다니는 조이 때문에 고민하는 내게 한 집사님이 말씀하셨다.

"백 집사님, 왜 조이를 안 잡고 내버려둬요?"

"때려도 안 되고 잡아도 안 되고, 이야기도 수없이 했는데…."

"몇 번 했는데요? 될 때까지 해야지요."

그 말이 마음에 확 꽂혔다.

'그렇구나! 될 때까지 하는 게 훈련이구나.'

아이가 네 번째도 안 되면 엄마가 다섯 번 하면서 지속과 일관성으로 아이를 훈련시켜야 하는 것이었다. 열 번이고 백 번이고 엄마는 일관성 있고 지속적으로, 될 때까지 가르치고 바로잡아 주어야 하는 것이다. 모든 것에 완벽하진 못하더라도 애쓰고 노력해야 하는 것이 훈련이다.

⋮ 순종 훈련이 최우선

아이들에게 순종을 가르치는 것이 선택 사항이 아닌 필수라는 것을 하나님께서는 말씀을 통해 명백하게 알게 하셨다. 하나님의 말씀을 청종하고 순종하는 법을 배운 아이들은 불순종하거나 반항적인 아이로 자라지 않음을 믿는다.

자녀들아 주 안에서 너희 부모에게 순종하라 이것이 옳으니라 네 아버지와 어머니를 공경하라 이는 약속이 있는 첫 계명이니 이로써 네가 잘되고 땅에서 장수하리라 엡 6:1-3

자녀들아 모든 일에 부모에게 순종하라 이는 주 안에서 기쁘게 하는 것이니라 골 3:20

믿음의 조상 아브라함의 순종은 들은 대로 행하고 들은 즉시 행한 즉각적이고 절대적인 순종이었다. 아이들이 아브라함의 순종을 닮기 원한다. 눈에 보이는 부모에게 순종하지 못하면 보이지 않는 하나님께 순종할 수가 없기에 어릴 때부터 순종의 습관이 형성되도록 마땅히 행할 길을 가르쳐야 한다.

마트에 가면 아이들이 좋아하는 먹거리가 넘쳐난다. 조이 역시 너무 좋아하는 캐러멜 '마이쭈' 앞에서 떠나지 못하고 서 있다. 딸기맛 하나를 사기로 했음에도 포도 맛, 사과 맛, 요구르트 맛까지 만지작거리며 미련을 가지는 아이에게 "안 돼. 딸기 맛 하나만 사는 거야"라고 얘기하면 "네" 하고 뒤돌아선다. 이렇게 되기까지 많은 시간과 노력이 필요했다.

전에 살던 동네가 천호동 완구 골목이었다. 아이들의 시선을 사로잡는 장난감들이 즐비한 이곳을 매일 지나가는 일이 순종 훈련에서 첫 번째로 우리가 넘어야 할 산이었다. 조이는 전시된 장난감에 시선이 꽂혀 앞을 보지 못하는 바람에 넘어지는 일도 많았고, 자기 눈에 들어오는 장난감이 있으면 그 앞에서 떠나지 않았다. 집에 똑같은 장난감이 있어도 새로운 것을 또 갖고 싶어 했다.

"이건 집에 있잖아. 똑같은 거야."

"그래도 또 갖고 싶어요. 그건 이래요~ 저건 이래요~."

아이는 한없이 자기의 욕구를 충족하려고 했다. 그렇게 새로운 장난감을 가지게 되어도 얼마 지나지 않아 싫증을 내는 것을 보면서, 아이가 원해도 필요하지 않은 것이면 절대 사주지 않는 결단이 필요함을 깨달았다.

엄마나 아빠가 '안 된다'고 말할 때마다 조이는 자신의 무기인 '무조건 울기'를 시작했다. 그 자리에서 대성통곡을 하며 우는 아이에게 왜 안 되는지를 설명하고 이해시키는 일이란 참으로 어려웠다. 아이는 마트에 가서도 자신이 사고 싶은 물건을 계속 들고 다니다 계산대 위에 올려놓곤 했다. 그때마다 나는 물건을 제자리에 갖다놓거나 계산대 옆으로 빼놓도록 했다. 끝까지 사겠노라 울음으로 호소하며 계산대에서 떠나지 못하는 아이에게 필요 이상의 것을 갖는 것은 욕심이고 과욕은 하나님이 기뻐하시지 않는 마음이라는 것을 알려주었다.

또 장난감이든 음식이든 없는 것을 먼저 생각하는 아이에게 있는 것을 먼저 생각하고, 가진 것에 감사하는 법을 가르쳐주었다. '이것도 없고 저것도 없어서'가 아니라 '이것도 있고 저것도 있어서' 감사함을 깨우쳐주기까지 나는 '일관성'이라는 또 하나의 산을 넘어야 했다. 조이가 완구 골목의 장난감들을 그림의 떡으로 여기며 아무렇지 않게 다닐 수 있었던 것은 '엄마 아빠가 한 번 안 된다고 하면 안 되는구나' 하고 받아들였던 것도 있지만, 안 되는 것을 이해시키고 과다한 욕심을 부리지 않도록 일관되게 지도하는 부모의 훈련이 더 필요했다.

원하는 것을 보고도 절제하며 돌아설 수 있는 아이로 훈련하는 데 있어 부부가 한마음을 품는 것이 정말 중요하다. 엄마에게 통하지 않을 거라 생각하면 아이들은 또 다른 돌파구를 찾는다. 자신을 좀 더 이해해주는 대상을 찾거나 아빠를 내 편으로 만들어 욕구를 성취하는 것이다. 손자에게 한없이 베풀기를 원하는 할머니나 할아버지는 아이들에게 있어 돌파구 1순위가 된다.

한때는 나도 조이에게 이런 돌파구의 역할을 했다. 아이들이 먹고 싶어하는 과자나 음료수는 흔히 다양한 맛을 묶어서 판다. 이런 묶음 제품들은 가격도 저렴하고 여러 가지 맛을 한꺼번에 맛볼 수 있어 솔직히 엄마인 내가 봐도 끌린다. 아이에게 하나만 살 수 있다고 얘기하면서도, 나는 '이렇게 사두었다가 아이에게는 하나씩만 주면 되니까'라며 묶음 제품을 구입하곤 했다.

하루는 가족들이 다 함께 장을 보러 갔다. 하나만 사기로 한 물건을 왜 이렇게 많이 샀느냐는 아빠의 질문에 아이가 "엄마는 이렇게 해요. 엄마가 사라고 했어요" 라는 말로 나를 당황하게 만들었다. 어떤 날은 하나만 사주고 어떤 날은 묶음으로 사주면 아이가 헷갈릴 뿐 아니라, 일관성 없는 부모 말에 순종할 리 없다는 남편의 말에 물건을 다시 내려놓았다.

아이들에게 순종 훈련을 하는 것은 정말 어렵다. 하면 할수록 부모가 지혜로운 판단으로 냉정하게 결단하고 실천해야 하는 일들이 많기 때문이다. 가장 중요한 것은 부부가 마음을 합해 하나님께 순종하는 모습을 아이들에게 보이는 것이며, 일관된 훈련으로 부모도 함께 훈련하는 것이다. 넘어야 할 산이 나타날 때마다 말씀을 기준으로 삼아 지혜를 구하며 훈련한다면 하나님의 말씀에 즉각적이고 절대적인 순종으로 결단하며 헌신하는 믿음의 가족이 되리라 확신한다.

: 구별되는 아이

조이가 어린이집을 다닌 후로 말도 많이 늘고 자기주장도 늘면서 싫고 좋음의 표현도 확실해졌고 고집도 세졌다. 주말에 아빠가 오시는 날이면 유난히 어리광이 늘고 짜증도 많아졌다. 아빠의 사랑을 받고 싶은 표현이라 생각되어 최대한 많이 놀아주고 안아주려고 애썼지만, 안 되는 걸 알면서도 떼쓰며 고집을 피우는 일이 자주 생기다보니 어쩔 수 없이 매를 들게 되었다. 훈계를 받고난 후 부자(父子)의 대화를 들었다.

"조이야, 넌 하나님의 아들 '기쁨(joy)'이잖아. 기쁘게(기쁠 이:怡) 면류관(면류관 옥 조:璪)을 드려야 할 조이인데 왜 자꾸 짜증 부리고 떼쓰고 고집 피워서 엄마 아빠의 마음을 슬프게 하니? 짜증 부려서는 안 되고, 떼쓰는 건 더욱 안 되고, 고집 피워서도 안 돼. 무조건 엄마 아빠 말씀에 순종해야 하는 거야. 엄마와 아빠, 하나님께도 기쁨을 드려야 해. 알았지?"

아이는 엉엉 울면서도 대답을 했다.

"네. 아빠 기도해요."

이내 부자가 꼭 안고 조이의 순종과 기쁨을 위해 기도했다.

가끔 마트에서 드러누워 자신이 원하는 것을 쟁취하기 위해 떼를 부리는 아이와 실랑이하는 엄마를 본다. 하나만 사주기로 했으면 아이들의 예측 불허한 행동에도 하나만 사주어야 하고 아이도 엄마 말에 순종하여 미련 없이 돌아설 수 있도록 훈련해야 한다. 기도함으로 노력하는 엄마는 분명 그 효과를 보게 된다.

어느 날 놀이터에 아이들과 산책을 나갔다. 어둑어둑해지자 열심히 놀고 있는 조이에게 말했다.

"조이야, 이제 어두워졌으니까 그만 놀고 집에 가자!"

"네!"

크게 대답하며 이쪽으로 달려오는 조이를 보고 있는데, 뒤에 있는 아주머니 목소리가 들린다.

"저것 봐! 엄마가 가자고 하니까 친구는 가잖아!"

"싫어, 안 갈 거야!"

불만 가득한 아이의 목소리를 뒤로 하고 우리는 집으로 돌아왔다. 가끔은 여러 훈련을 하면서도 열매가 보이지 않은 것처럼 느껴질 때가 있는데, 이날처럼 구별되는 아이로 서가는 모습을 볼 때 감사와 기쁨이 넘친다.

그러나 순종이 단순히 엄마의 편의를 위한 훈련이 되어서는 안 될 것이다. 하나님 말씀에 순종하기 위한 준비 단계로서 부모님께 순종하는 것이고 하나님의 명령으로서 부모에게도 순종해야 한다.

훈련을 하면서 아이가 순종하지 않을 때 "어디 감히 엄마 말을 안 들어?" 하며 엄마의 감정과 기준에 따라 노할 때가 있다. 하나님은 분명히 말씀하신다.

또 아비들아 너희 자녀를 노엽게 하지 말고 오직 주의 교훈과 훈계로 양육하라 엡 6:4

자녀를 노엽게 하고 엄마의 만족을 위한 순종 훈련이 되지 않도록 늘 엄마가 말씀 앞에 깨어 있어야 한다. 아이들이 부모님께 순종하는 것을 넘어 하나님께 순종하는 자로 자라도록 오직 주의 교훈과 훈계로 양육해야 함을 잊어서는 안 된다.

진리인 하나님의 말씀으로 가르칠 수 있어 너무 감사하다. 부모의 영적 권위에 순복하고 부모를 진심으로 공경하며 사랑하는 아이가 되길 바라며 오늘도 아이들에게 말씀을 새긴다.

: 엄마도 순종 훈련

일 벌리기 좋아하고 뒷수습 안 되고, 마음만 먹으면 일사천리지만 마음먹기가 참 어렵고, 끈기가 없어서 끝까지 잘 못하고, 쓸데없이 고집만 세서 잘 꺾이지 않는 사람, 이런 사람이 바로 나다.

이런 내가 3년 넘게 성경암송을 하고 있다는 것 자체가 기적이요, 은혜요, 일생에 획을 긋는 사건이 아닐 수 없다.

아이와 함께 절대 순종, 즉각 순종 훈련을 하며 나 또한 하나님께는 물론이거니와 남편에게도 순종하는 훈련을 해야 했다. 입으로는 사랑한다 하고, 마음으로는 존경한다 했지만 나의 행동은 그렇지 못했다.

> 아내들이여 자기 남편에게 복종하기를 주께 하듯 하라 이는 남편이 아내의 머리 됨이 그리스도께서 교회의 머리 됨과 같음이니 그가 바로 몸의 구주시니라 그러므로 교회가 그리스도에게 하듯 아내들도 범사에 자기 남편에게 복종할지니라 엡 5:22-24

남편의 말에 순종은커녕 늘 나의 생각과 계획대로 행동할 때가 많았다. 남편이 어떤 권유나 조언을 할 때 그 순간에는 알았다고 하지만 실천하기까지 긴 시간이 걸렸고, 내가 고쳐야 할 문제 앞에서 즉각 수정보다는 나를 합리화 하는 변명을 늘어놓기 일쑤였다.

나의 머리되는 남편에게 순종치 못하면서 자녀에게 순종을 요구하는 건 모순임을 깨닫고 나 역시 순종 훈련이 필요함을 알게 되었다. 나의 생각과 달라도, 나의 계획과 달라도 남편의 말에 무조건 순종하겠다고 결심했다. 워낙 자기주장이 강한지라 당장에 고쳐지진 않았지만, 실천하며 노력하니 조금씩 좋아졌.

우선 내가 남편에게 순종하는 모습을 아이들이 배울 수 있도록 아이들 앞에서 존칭을 사용하기로 했다. 존칭을 쓰는 것이 처음엔 너무 어색하고 쑥스러워 고치는 게 쉽지 않았지만 이것 또한 노력하며 실천하니까 되었다. 역시 훈련은 생각에 머무르는 것이 아니라 실천하는 데 있었다. 생각에서 실천으로 옮기면 반은 성공이다.

아빠의 자리는 엄마가 세우는 거라고 한다. 내 모습을 보며 아이들이 아버지를 존경하고 공경할 수 있도록 노력했다. 여운학 장로님께서 아이들 앞에서 부부가 반드시 서로 존칭하라고 하셨던 게 실감이 되었다.

작은 것 하나도 나와 상의하고, 항상 배려와 격려로 나를 세워주고, 교회를 사랑하듯 나를 사랑해주는 남편에게 범사에 복종하는 아내가 되리라 다짐해본다.

: 언어 훈련이 곧 인성 훈련

　말씀이신 하나님께서 말씀을 통해 항상 우리를 이끌어가신다. 하나님의 모든 말씀은 능치 못하심이 없으시며 은혜와 진리가 충만하시다(요한복음 1장 참고). 우리가 말씀을 믿을 때에 믿음대로 주어지는 축복을 주셨지만, 그 믿음대로 말할 때 그대로 되는 말의 권세도 우리에게 주셨다.

> 내가 너희에게 이르노니 사람이 무슨 무익한 말을 하든지 심판 날에 이에 대하여 심문을 받으리니 네 말로 의롭다 함을 받고 네 말로 정죄함을 받으리라 마 12:36,37

　말은 생명력이 있어서 사람을 살리기도 하고 죽이기도 한다. 주위로부터 흘려듣는 많은 소리들 가운데 상소리나 욕, 무서운 말들이 습관으로 자리 잡아서 아이들이 말로서 죄를 범하지 않기를 위해 어릴 때부터 성경에 기초한 언어 훈련이 되어야 한다.

　아이들이 부정적이고 상처를 주며 음란과 거짓으로 물든 사망의 말을 하는 것이 아니라 격려와 칭찬으로 남을 세워주고 소망과 사랑으로 위로의 말을 하며, 건강하고 좋은 말로 축복하는 생명의 말을 하도록 하나님께서 입술의 파수꾼을 세워주시길 기도하고 있다.

하루는 온유가 책갈피를 가지고 놀고 있는데, 조이가 다시 주겠다고 하며 동생 것을 다 뺏어갔다. 노파심에 내가 다른 책갈피를 하나 온유에게 주었는데 조이가 갑자기 한마디 던졌다.

"에이, 짜증나!"

나는 너무 놀랐다. 집에서 누구도 그런 말을 쓴 적이 없는데 어디서 배운 걸까?

"조이야, 너 뭐라고 했어? 짜증난다고 했어? 그런 말 어디서 배운 거야?"

아이는 울먹이면서 자기가 하나씩 동생한테 주려고 했는데 엄마가 미리 줘버려서 속상했단다. 가끔 속상하다는 표현은 했지만 짜증난다는 말은 처음이었다.

"조이가 온유 챙겨주려고 했는데 엄마가 먼저 줘서 속상하게 한 것은 미안해. 하지만 '짜증나'라는 말은 좋지 않은 말이야. 하나님께서 조이에게 예쁜 입을 주셨는데 그 입은 암송하고, 기도하고, 찬양하라고 주신 입이야. 그리고 예쁜 말, 축복의 말, 사랑의 말을 하라고 주신 입인데 이렇게 나쁜 말을 하면 하나님이 기뻐하실까?"

"아니요."

"그리고 아무리 속상해도 엄마한테 성질부리는 거 아니야."

"네, 예쁜 말 할게요. 엄마."

동생을 챙겨주려고 한 마음은 좋았지만 엄마에게 짜증 부리며 얘기했던 것에 대한 대가를 받았다. 그리고 꼭 안고 기도해주었다.

다음 날 아이와 지혜로운 사람의 입술에 대한 잠언 말씀을 읽었다. 한 번 더 복된 입술에 대해 상기시켜주고, 지혜로운 사람의 입술에 대해 이야기해주었다. 그리고 예쁜 입술이 되기를 약속하는데 아이가 말했다.

"엄마, 그런데 친구가 자꾸 나쁜 말해요!"

"조이야, 친구도 하나님의 존귀한 아들이야. 친구가 나쁜 말 하면 '친구야 하나님이 주신 예쁜 입술로 예쁜 말만 하자'라고 조이가 얘기해줘. 그리고 '사랑하고 축복해'라고 얘기해줘!"

"그럼 다른 친구들은요?"

"모두를 사랑하고 축복해야지. 그럼 오늘 조이가 어린이집에 가서 친구들한테 사랑하고 축복한다고 얘기해줄까? 친구들이 너무 기뻐할 것 같다."

"선생님은요?"

"당연히 선생님한테도 해야지. 너무 기뻐하실 거야."

그렇게 하기로 하고 어린이집에 갔다. 집에 돌아온 조이에게 물었다.

"오늘 어린이집에 가서 친구들한테 얘기해줬어?"

"네! '사랑하고 축복해' 했어요."

"그러니까 친구들이 뭐라고 해?"

"음… 친구가요, '사랑해' 했어요. 조이 좋아한다고 했어요!"

말씀을 실천하고 기뻐하는 모습을 보며, 말씀을 읽기만 할 것이 아니라 적용할 수 있는 것들을 찾아 매일 말씀을 삶으로 옮기는 일을 같이 해야겠다고 생각했다.

하루는 아이가 암송을 하면서 모든 말 앞에 '안' 자를 붙였다.

"여호와는 안 목자시니 내가 안 부족함이 없으리로다."

장난으로 그러는 것 같아서 경고를 했다.

"조이야! 그만해라. 말씀 가지고 장난하는 거 아냐. 똑바로 제대로 암송해야지. 그리고 '안' 자 붙이는 좋은 거 아니니 하지마라!"

잠시 후에 놀면서 노래를 부르는데 들어보니 또 '안' 자를 붙여서 불렀다.

"유리창에 안 예쁜 안 은구슬 안 또로로록 안 또로로로록."

"조이야, 엄마가 아까 얘기했지? '안' 자 붙이지 말라고."

"네, 알았어용."

장난끼 가득한 대답을 했다.

저녁에 아빠와 함께 암송예배를 드리는데 얘가 또 '안' 자를 붙이는 게 아닌가! 진리의 말씀을 왜곡하고 여호와의 이름을 망령되이 일컬음과 엄마 말씀에 순종하지 않은 것에 대해 즉각 벌을 받았다. 그것이 얼마나 나쁜지, 부정한 것인지를 아빠가 설명해주었다. 자칫하면 하나님의 모든 것들을 불신하게 되는 것이며 하나님 앞에 큰 죄를 짓는 것이라고. 아이는 매를 맞고 다시는 쓰지 않겠다고 약속했다.

> 내 백성에게 거룩한 것과 속된 것의 구별을 가르치며 부정한 것과 정한 것을 분별하게 할 것이며 겔 44:23

아이들은 흡수가 참 빠르다. 특히 나쁜 것, 부정한 것들은 조기 발견하여 즉각 치료를 하지 않으면 언제 어디로 전이가 될지 예측 불허다. 적은 누룩이 온 덩이에 퍼지듯 순식간에 정결한 것들을 갉아먹을지도 모른다.

하나님께서 우리 혀를 악에서 금하며, 우리의 입술을 거짓말에서 금하여 주시고(시 34:13), 거짓된 입술과 속이는 혀에서 우리의 생명을 건져주시며(시 120:2), 입술의 문을 지켜주시길 간구해야 한다. 아이들의 입으로 선한 것과 정직을 말하며 진리를 선포할 수 있도록 지도해야 함을 절실하게 느낀다.

: 거짓말은 절대 안 돼요

하루는 어린이집에 다녀온 조이가 〈토마스와 친구들〉 DVD를 본다고 틀어달라고 했다. 멋지게 암송도 하고 DVD를 볼 준비가 완료될 무렵 갑자기 초인종이 울렸다. 온유를 안고 잠깐 나갔다 왔는데 텔레비전 위에 있던 CD 보관함이 거실에 내동댕이쳐져 있고 40여 장의 CD가 거실에 널브러져 있었다. 조이가 그새를 못 참고 자기가 하려다가 떨어뜨린 듯 했다.

전에도 이런 일이 있어 다시는 CD 보관함을 건드리지 않기로 약속했었는데 똑같은 실수를 한 거였다. 나는 조이에게 정리하게 하고 마지막 경고와 다짐을 받을 생각으로 물었다.

"조이야, 이거 왜 그랬어?"

"그거 온유가 그랬어요."

"뭐? 이게 여기 왜 떨어져 있냐고…."

"온유가 그랬다고요."

세상에! 그 자리에 있지도 않았던 동생 탓을 하는 게 아닌가. 동생이 그랬다면 혼나지 않을 거라 생각한 모양이었다. 일단 나는 떨어져 있는 CD를 정리하면서 마음을 가라앉혔다. 그리고 조용하고 단호하게 거짓말에 대해 이야기해주었다.

거짓말은 하나님이 너무 싫어하시며, 자신의 행동에 책임을 지지 않고 남에게 미루는 것이 얼마나 나쁜 행동인지 확실하게 일러주었다. 그랬더니 자기가 빨리 보고 싶어서 꺼내려다 떨어뜨렸다고 시인했다. 잘못했다고 울고불고 사정했지만 이미 내뱉은 거짓말에 대한 응징을 받아야 했다.

아이를 꼭 안고 기도하면서 나의 부족함을 돌아보게 되었다. 유아다운 작은 실수도 용납해주지 못하고 다그치거나 혼내지는 않았는지, 잘하려다 실수한 일에 질타하지는 않았는지, 그것 때문에 아이가 지레 겁먹고 거짓말을 한 건 아닌지.

하지만 어떠한 이유에서든지 거짓말은 안 된다. 그건 진리다. 거짓의 뿌리가 내리지 못하도록 앞으로도 거짓말 앞에서는 엄격하고 단호하게 대처할 것이다.

아이들이 거짓을 미워하며 싫어하고 주의 법을 사랑하는 자로 성장하길 원하지만 내가 해줄 수 있는 건 그리 많지 않다. 왜냐하면 나도 결국 똑같은 잘못을 하는 죄인이기 때문이다.

"엄마 사랑해요! 엄마 축복해요!"

조이가 책을 읽고 있는 나에게 다가 오더니 목을 끌어안고 사랑을 고백하는데 내가 갑자기 장난기가 발동했다.

"엄마는 조이 안 사랑하는데?"

조이는 끌어안고 있던 내 목을 슬그머니 풀더니 그 자리에 엎드려서 목이 매여서 말했다.

"엄마가 조이 안 사랑하면 조이 갈래요!"

"어디?"

"엄마가 조이 안 사랑하니까 슬퍼요. 마음이 아프잖아요."

진짜 슬퍼하는 기색을 보니 괜한 짓을 했다는 생각에 미안해서 꼭 끌어안으며 말했다.

"조이야! 엄마는 조이를 사랑해. 엄마가 장난친 거야. 미안해. 엄마는 조이를 진짜진짜 사랑해."

"엄마, 거짓말하면 안 되죠. 조이 사랑하면서 안 사랑한다고 거짓말하면 안 되죠! 거짓말은 나쁜 거잖아요."

순식간에 나는 거짓말쟁이가 되어버렸다. 며칠이 지난 후에 조이가 와서 여전히 사랑을 고백한다.

"엄마, 사랑해요"

"그래, 엄마도 조이 너무 사랑해!"

"엄마, 저번에 엄마가 여기에서('안 사랑한다' 고 말했던 곳) 조이 안 사랑한다고 했었죠? 거짓말하면 안 되죠?"

그런 건 좀 빨리 잊어주지. 앞으론 이런 장난은 절대 하지 않으리라.

"성령님, 매 순간 나와 아이들의 생각과 마음과 입술을 지켜주소서!"

섬김과 절제로 사랑받는 아이

: 언제나 어른 먼저

요즘 한 자녀를 키우며 금이야 옥이야 하다보니 어른 공경은 땅에 떨어진 지 오래요, 도리어 아이들 비위 맞추기에 급급한 부모들을 많이 본다. 하지만 성경은 명확하게 말한다.

> 네 부모를 공경하라 출 20:12

조이와 출애굽기 20장을 암송했을 때의 일이다. '네 부모를 공경하라'를 가르쳐주는데 공경이라는 단어가 생소한 아이가 갑자기 두 주먹을 불끈 쥐더니 "네 부모를 공격하라!" 하는 게 아닌가. 그 모습을 보고 어찌나 웃었던지. 그래서 공경이라는 단어에 대해 자세하게 설명해주었다.

공경하는 태도 중 하나로 음식을 먹을 때나 좋은 것이 있을 때 항상 어른부터 드리는 거라고 일러주었다. 이것도 습관처럼 굳어지지 않으면 하기가 힘들다. 몇 번 가르쳐주었더니 이제 과일을 깎아주면 항상 아빠 먼저, 그 다음에 엄마에게 드린다. 할머니나 할아버지가 계시면 부모님보다 먼저 드린다. 그러고는 "어른 먼저 드려야 되죠?" 하면서 자기가 먹는다. 옆에서 보던 따라쟁이 온유는 형이 하니까 영문도 모르고 엄마 입에다 과일을 넣어주고 간다.

이 훈련엔 친정엄마의 말씀도 한몫했다. 집에 오셨을 때 구운 생선을 아이에게 주는 모습을 보고 엄마가 넌지시 말씀하셨다.

"한 마리만 굽지 말고 꼭 두 마리 구워서 먹어. 괜히 애들 먼저 준답시고 어른들 안 먹으면 애들이 당연히 그런 줄 알아. 그러니까 너희들 먼저 먹고 그 다음에 애들 주거라."

지금도 친정 가서 식사를 하면 고기의 맛있는 부분은 직접 손으로 발라 자식의 밥 위에 올려주시는 분인데 당신의 삶은 그렇지 않으시면서 자식 걱정이시다. 어쨌든 친정엄마의 말씀을 들은 후부터는 온 가족이 함께 먹고도 모자람이 없도록 생선은 두 마리를 굽는다.

아이들이 어릴 때부터 어른 공경할 줄 알고 부모 공경할 줄 아는 사람으로 자라야 한다. 다른 사람들을 존중하고 또 부모를 공경해야 하는 것이 마땅하기에 조이에게 어른들께 공손하며 예절을 지킬 것을 권하며 존대어를 쓰게 하고 있다.

존대(尊待)를 한다고 해서 부모와 아이 사이가 어색해지는 것이 절대 아니다. 도리어 부모님을 공경하는 마음을 가지게 될 가능성이 높다. 나 자신을 돌아보아도 그렇다. 아버지에게 존대어를 쓰고 어머니에게는 쓰지 않았는데, 아빠에게는 그렇지 않은데 엄마에게 함부로 행동했던 적이 있었다.

조이가 어느 정도 훈련이 되어 가는 게 눈에 보일 무렵 18개월에 들어선 둘째 온유도 형을 통해 하나씩 배워갔다. 대답할 때 "응" 대신 "네"를 가르쳤더니 제법 "네" 하며 대답을 잘 한다.

에베소서 6장 1절부터 3절까지의 말씀처럼, 아이들이 주 안에서 부모에게 순종하라는 약속 있는 첫 계명을 지켜 복을 받고 형통하며 장수의 복을 누리게 되길 기도한다.

: 기다리는 훈련

요즘 온유는 권위에 순복하는 훈련을 하고 있다. 형이랑 잘 놀다가도 형의 것에 욕심을 부리고, 달라고 떼를 부린다. 책을 보면서 잘 놀다가도 형이 보는 책을 빼앗으려고 한다.

온유의 울음과 미소에 녹아 넘어가기도 여러 날, 엄마 아빠와 형의 머리 위에 앉아 조정하려는 아이를 보며 아빠의 조치가 떨어졌다. 같이 놀다가 형이 가진 것을 달라고 떼를 쓸 경우 울든 말든 무조건 기다리게 하라는 거였다. 형이 논 다음 가지고 놀든지 아니면 다른 것을 가지고 놀아야 한다.

형이랑 자동차 놀이를 하고 있던 온유, 형이 다른 자동차를 드니까 그걸 달라고 야단이다. 아니나 다를까 울기 시작한다.

"안 돼! 기다려. 형아가 먼저 가지고 놀았잖아. 갖고 싶으면 기다리든지 아님 다른 거 가지고 놀아!"

온유는 내 말을 다 알아듣고는 대성통곡을 하면서도 내 눈치를 본다. 이때 나도 살짝 속아 넘어갈 뻔 했다. 하지만 모른 척하고 다른 일을 했더니 어느새 울음을 그치고 자동차 놀이를 하고 있었다.

> 내게 붙어 있어 열매를 맺지 아니하는 가지는 아버지께서 그것을 제거해버리시고 무릇 열매를 맺는 가지는 더 열매를 맺게 하려 하여 그것을 깨끗하게 하시느니라 요 15:2

쓸데없는 가지들은 모두 제거해버리고 온유가 신인류다운 열매를 맺을 수 있도록 훈련은 계속되어야 한다.

: 쌀 한 톨도 남기지 않고 먹기

　요즘처럼 먹거리가 넘쳐나는 시대에 아이들이 음식의 소중함과 감사함을 알리 만무하다. 날마다 우리에게 일용할 양식을 주시는 주님께 감사하며 맛있고 즐겁게 먹는 법을 가르쳐주기 위해 식사 훈련을 시작했다.
　여러 가지 훈련 중에서 식사 훈련은 남편의 몫이었다. 식사 중에 다른 짓을 하거나, 돌아다니거나, 반찬 투정을 하거나, 떼를 부려서는 안 되고 즐겁고 감사한 마음으로 식사하는 것을 원칙으로 한다.
　또 공공장소에서 함께 식사를 할 때 방해하지 않고 식사가 끝날 때까지 자리를 지키고, 무엇을 먹든 항상 어른께 먼저 드린다. 이런 사항을 어길 시 즉시 밥상이 치워진다. 먹는 걸 좋아하는 조이에게 밥상이 치워지는 것은 무거운 처벌이기에 맛있게 먹으며 끝까지 자리를 잘 지킨다.
　이 훈련은 인내력과 지구력이 함께 향상되는 효과가 있는 것 같다. 먹을 것 앞에서 인내하지 못하면 그 어떤 것도 할 수 없다는 게 남편의 생각이다. 조이가 어느 정도 훈련이 되면서 김치 반찬 하나에도 감사하며 맛있게 먹을 줄 알고, 또 먹을 것이 생겼을 때 아빠나 엄마 혹은 어른들께 먼저 드리는 예의를 지킨다. 이런 형을 보며 동생도 자연스럽게 식사 예절을 하나씩 배우고 있다.
　나중에 식사 훈련 원칙에 밥알 하나도 남겨서는 안 되는 내용을 추가했다. 조이가 혼자 먹기 어려울 땐 엄마나 아빠가 도와주었지만 혼자 식사할 수 있게 되면서 스스로 남기지 않고 다 먹도록 했다.

이런 원칙을 추가하게 된 배경이 있다. 결혼 전 남편과 함께 DTS(Discipleship Training School,예수제자훈련학교)를 받고, 중국에서 아웃리치(out-reach:도움이 필요한 지역에 직접 찾아가서 선교와 봉사를 하는 활동) 할 때 함께했던 한 목사님께서 식사 때, 깨 한 톨도 남기지 않으시고 설거지를 한 것처럼 깨끗하게 음식을 비우시는 모습을 보았다. 그 모습이 참 인상적이었다. 목사님은 깨 한 톨을 얻기 위해 하나님의 섭리와 농부의 수고와 노동이 얼마나 값진 지를 되새기고, 감사하며 식사를 하신다고 했다. 목사님과 3개월 동안 함께하면서 우리의 식판도 깨끗해졌다.

그때 남편과 나는 결혼을 하고 아이가 생기면 이런 훈련을 아이들에게도 적용하리라 다짐했는데, 남편이 이를 실천하고 있는 것이다. 아이들에게 일용할 양식을 주신 하나님께 감사하고, 농부의 수고와 노동에 감사하면서 즐겁고 행복한 마음으로 맛있게 식사함을 가르치고 있다. 먹든지 마시든지 무엇을 하든지 우리의 삶에서 하나님의 영광이 드러나야 함을 잊지 말아야겠다.

> 그런즉 너희가 먹든지 마시든지 무엇을 하든지 다 하나님의 영광을 위하여 하라 고전 10:31

: 작은 것부터 성실하게

부지런하고 게으르지 않는 성품 역시 어릴 때부터 습관으로 형성되지 않으면 어른이 되어서 쉽게 고치기 힘들다. 처음부터 당연한 것으로 알고 훈련해야 한다. 어린 시절부터 자기 물건과 주변을 정리 정돈하는 훈련은 스스로 자기 일을 할 수 있는 책임감과 성실을 훈련하는 데 도움이 된다.

놀고 난 장난감 정리하기, 읽은 책 제자리에 꽂기, 어린이집 다녀오면 도시락 꺼내서 싱크대에 갖다놓기, 벗은 외투는 걸어두기, 밥 먹고 난 후 그릇 갖다놓기 등 아이가 할 수 있는 여러 영역에 할 일을 부여하고 있다. 자기가 맡은 일을 책임감 있게 수행할 때 하나님께서 맡겨주시는 사명과 직분 또한 잘 감당하리라 믿는다.

교회에서의 정리정돈 습관도 일찌감치 훈련시켰다. 자모실에 도착하면 버려져 있는 주보와 쓰레기를 휴지통에 버리게 한다. 요즘은 거의 자동으로 이것저것 정리해서 자모실의 미화 도우미로서의 역할을 충실히 한다. 여기저기서 듣는 칭찬도 한몫한다.

문제는 집에서의 정리정돈이었다. 거실은 책으로, 방은 장난감으로 초토화시켜 놓는다. 매번 정리하도록 했는데 만족스럽지 않았다. 내가 몇 번 정리를 해주었더니 이 맹랑한 녀석이 엄마를 부리기 시작했다.

"엄마, 내가 어린이집 다녀올 때까지 깨끗하게 정리해놓으세요."

혹시라도 정리가 되어 있지 않으면 나를 추궁하며 요령을 피웠다.

"엄마 왜 정리 안 했어요? 내가 하는 것보다 엄마가 하는 게 훨씬 깨끗한데…."

그러고 나서는 '이거 하고 정리한다, 저거 하고 정리한다'며 미루기 일쑤였다. 아이의 버릇을 단단히 고쳐야겠다고 마음먹고 스스로 책과 장난감을 정리하기 전까지는 어떤 다른 일도 할 수 없도록 규칙을 정했다.

외출을 해야 할 경우 아이의 물건이 정리되지 않으면 외출을 안 한다거나, 간식을 먹어야 할 경우 아무것도 주지 않는 등 나름대로 벌칙으로 몇 번 경고를 하고, 그래도 안 될 경우 정리되지 않은 것들은 모두 버린다는 강한 규칙이었다.

역시 최후통첩 앞에서는 아이도 어쩔 수 없었는지 정리하는 일에 어느새 익숙해졌다. "예배드리러 갈 거야 정리해" 하면 불과 몇 분 후에 90퍼센트 정도 깔끔하게 정리되어 있다.

친구 집에서 놀고 나올 때도 가지고 놀았던 장난감이나 책을 깨끗하게 정리하게 했다. 집에서 하던 습관이 있어서 친구 집에서도 무리 없이 책임을 완수했다. 이 모습을 본 동네 한 아주머니는 첫째라 다르다고 추켜세웠다.

"조이는 첫째라 그런지 참 의젓해. 엄마 말도 잘 듣고, 밥 먹을 때 돌아다니지도 않고, 정리도 잘하잖아. 역시 첫째 아이들은 달라."

나는 첫째라 그런 게 아니라 끊임없는 훈련과 기도의 결실이라고 말해주고 싶었지만 믿지 않는 분이기에 침묵했다.

가끔 형제가 함께 놀고 조이 혼자 정리할 때가 있다.

"엄마, 온유가 정리 안 도와줘요. 혼자 못 하겠어요. 엄마가 도와주세요."

나는 온유에게 말한다.

"온유야, 같이 놀았으니까 너도 가서 형아랑 같이 정리해. 형아 도와줘."

그러면 온유도 알아듣고 블록을 하나씩 담거나 책을 꽂으려고 애를 쓴다. 완벽하진 않더라도 아이들 수준에서 자신이 한 일에 대해 작은 것부터 책임감을 길러주고 엄마의 일을 돕게 하는 것은 꼭 필요하다.

아이들이 아직 어려서 가야할 길이 멀지만, 훈련한 성과가 조금씩 나타나는 것 같아 기쁘다.

> 그 주인이 이르되 잘하였도다 착하고 충성된 종아 네가 적은 일에 충성하였으매 내가 많은 것을 네게 맡기리니 네 주인의 즐거움에 참여할지어다 하고 마 25:21

: 나누고 섬기는 기쁨

나눔과 섬김도 어렸을 때부터 훈련되어야 한다. 독생자를 아낌없이 주셨던 하나님의 성품을 닮아 아낌없이 베풀고 나누는 아이들로 자라야 한다.

《자식의 은혜를 아는 부모》라는 책을 통해 '친밀성'에 대해 배웠다. '가난한 자들을 위해 밭의 귀퉁이를 남겨놓고, 떨어진 이삭을 줍지 않는 마음'이 친밀성이라고 한다. 하나님의 복을 받는 지름길은 사람을 사랑하는 것이며, 가난한 자들을 대할 때 따뜻한 마음을 갖는 것이라고 한다.

하나님께 감사드리는 것은 우리 가정 가운데 긍휼히 여기는 마음을 부어주신 것이다. 나는 결혼 전만 해도 나누고 섬기는 것에 익숙하지 못한 이기적인 사람이었다. 하지만 사려 깊고 나누기를 즐겨하는 남편을 만나 참 많이 변했다.

우리 가정과 교제를 나누는 분들 중 대부분은 목사님, 선교사님, 선교단체 간사님들이다. 이런 분들과 함께 교제하면서 진정한 나눔이 무엇인지 알게 되었고, 나누고 섬길 때 부어주시는 축복이 무엇인지 경험하고 있다.

주님은 누구든지 제자의 이름으로 이 작은 자 중 하나에게 냉수 한 그릇이라도 주는 자는 결단코 그 상을 잃지 않으리라고 말씀하셨다(마 10:42). 한 사람에게 냉수 한 잔을 주는 것이 친밀성이다.

이러한 친밀성이 내 아이들에게도 있기를 바란다. 부어도 퍼주어도 모자라지 않는 따뜻한 마음, 사람을 가리고 차별하며 구분하는 모습이 아닌 모두를 사랑하고 따뜻하게 품어주는 마음을 가진 사람이 되기를 기도한다. 예수님이 그러하셨던 것처럼 말이다.

길을 가다가 횡단보도 앞에 서면 어김없이 작은 상자 하나를 들고 다가오는 사람들이 있다. 가끔은 가짜 아닌가 해서 주저하다가도 나도 모르게 천 원짜리 한 장을 넣게 된다. 작은 자를 귀히 여기는 예수님을 본받으며, 그들도 우리와 똑같이 하나님이 사랑하시는 존재임을 아이에게 알려주고자 꼭 돈을 넣었다. 조이가 함께 다니며 그 모습을 자주 보아서인지 이제는 전철에서나 길에서 상자를 든 분을 만나면 내게 돈을 달라고 해서 꼭 자기가 넣는다. 그리고 누군가를 돕고 나누었다는 기쁨에 함박웃음을 짓는다.

오래 전 일이긴 하지만 주일 예배를 드리고 돈을 찾으려고 은행 현금인출기에 들렀다. 인출기 앞에 더운 날씨에도 불구하고 두꺼운 옷차림에 더러운 행색을 한 걸인 한 명이 앉아 있었다. 때마침 조이의 손에 교회에서 받은 떡과 음료수가 들려 있었다.

"저기 아저씨 배고파 보이는데 조이가 이거 갖다 드릴까?"

그러자 조이가 "네" 하며 "아저씨 이거 드세요" 하고 갖다 드린다. 아까 먹을 거라고 안 먹고 있던 간식을 얼른 갖다주는 모습을 보고 아빠가 칭찬해주었다.

"우와! 조이 너무 멋지다. 하나님께서 기뻐하실 거야."

며칠 뒤 은행 앞을 지나갈 때였다.

"엄마, 오늘은 여기 아저씨가 없어요. 조이가 떡이랑 음료수 줬는데…"

어린아이가 그 걸인을 기억하고 찾는 걸 보며 아이들에게 나눔에 대해 가르치면 그 기쁨을 잊지 않는 것을 깨달았다.

그런 조이에게 정반대되는 일이 생겼다. 조이는 어릴 때부터 기차든 지하철이든 길게 생긴 차만 지나가면 좋아서 난리가 났다. 기차가 있는 그림이나 사진이라면 사족을 못 쓰는 아이는 지하철 사진이 들어가 있는 노선표를 열심히 모았다.

매주 교회 가는 길에 지하철 역사에서 조이가 항상 챙기는 것이 바로 지하철 노선표다. 간혹 역사에 노선표가 없는 경우가 있는데 겨우 한 장이라도 구하면 너덜너덜할 때까지 들고 다닌다. 항상 세 장을 챙기는데 한 장은 조이 것, 두 장은 교회에 좋아하는 누나랑 형의 것이다.

한 주는 누나랑 형에게 미처 주지 못했다. 한 장은 온유를 주고 두 장은 양 손에 쥐고서 예배 후 귀가를 하기 위해 지하철을 기다리고 있었다.

저쪽에서 조이 또래의 사내아이가 갑자기 달려오더니 조이 손에 있는 노선표를 뺏으려고 했다. 조이도 나도 깜짝 놀라서 주춤했는데 보니까 조이와 같은 유치부 가방을 매고 있었다. 그냥 하나를 달라고 했으면 주었을 텐데 갑자기 뺏으려고 하니까 조이도 주지 않으려고 애를 썼다. 조이와 실랑이를 하던 아이는 결국 온유가 가지고 있던 걸 빼앗아버렸다.

아이 엄마가 그러면 안 된다며 다시 온유에게 돌려주니까 아이가 바닥에 누워버리는 것이 아닌가. 나는 조이를 설득했다.

"조이야, 너 두 개 있으니까 친구 하나만 주자!"

"싫어요! 두 개 있어야 하는데 친구 주면 하나밖에 없잖아요. 그리고 뺏으려고 했어요!"

"알아, 그렇지만 조이가 양보하면 좋을 것 같아. 친구가 갖고 싶어서 저러는 거야, 하나만 주자. 응?"

"싫어요! 온유 거도 뺏고."

"조이야, 친구 봐봐, 갖고 싶어서 우는데 조이가 안 주면 친구가 얼마나 슬플까? 너는 나눠주고 양보도 잘 하는 멋진 형이잖아, 네가 하나를 나눠주면 하나님께서 더 많이 채워주시는 거야! 친구 하나 주면 엄마도 기쁘고 하나님도 너무 기뻐하실 것 같은데…."

잠깐 고민을 하더니 드러누워 있는 친구에게 가서 얼른 하나를 주고 왔다. 자기에게 소중한 노선표를 나눠주다니 정말 멋지다고 칭찬해 주었다.

목적지 역사에 들러서 세 배의 노선표를 선물로 받았다. 노선표를 건네면서 나눔의 법칙을 이야기해주었다. 네가 나눠주면 나눠줄수록 더 많이 받고 넘치도록 주시는 것이 천국의 법칙이라고 말이다.

하루는 남편 친구의 아들인 도아와 유아가 놀러왔다. 도아가 조이의 장난감을 갖고 싶다고 했나보다.

"엄마, 도아 형아가 제임스 기차 갖고 싶대요. 줘도 돼요?"

사실 나는 큰맘 먹고 사준 장난감인데다, 산 지 얼마 되지 않은 거라 멈칫했다.

"응, 줘도 괜찮은데 주고 후회하면 안 된다. 그리고 또 사달라고 하면 안 돼. 그러면 줘도 괜찮아."

"네, 괜찮아요. 형아 줄래요."

아이의 대답에 순간 놀랐다. 무엇이 조이의 마음을 움직이게 했는지 모르지만 나눔의 법칙으로 평화를 이끌어가는 아이에게 한 수 배웠다.

나 하나 살기 위해 움켜쥐고 놓지 못하고, 내가 우선이고 남은 뒷전인 시대 속에서 아이들은 성경이 말하는 대로 나보다 남을 낫게 여기고 먼저 대접하는 사람으로 살아가길 소망한다. 공부해서 남 주고, 나눠주기 위해 모으고, 내가 우선이 아닌 남을 우선으로 여기는 사람이 되기를 기도한다.

긍휼히 여기는 자는 복이 있나니 그들이 긍휼히 여김을 받을 것임이요

마 5:7

"엄마, 안녕히 주무셨어요?"
"조이도 잘 잤습니다. 쉬하러 다녀오겠습니다."
'엥? 쟤가 무슨 일 있나?'
"엄마, 밥 먹고 말씀 읽고 암송하고 어린이집에 가야 되니까 밥 주세요."
"조이야, 아직 밥 다 안 됐으니까 아빠한테 말씀부터 읽어달라고 해."
"네. 알겠습니다! 아빠 말씀 읽어주세요."
보통 아침과는 사뭇 다른 아이의 행동에 조금 놀랐다
아침에 순종에 대한 기도를 하게 하신 이유가 있었다
엄마라고 때로는 강압적으로 때로는 무력으로 아이들의 고집을 꺾었다
하지만 가장 빠른 변화를 가져올 수 있는 것은
하나님의 움직이심밖에 없음을
엄마의 기도를 기다리시는 주님의 뜻을 다시금 실감했다

엄마는 말씀의 숲 정원사

11장 부지런하고 지혜로운 말씀 엄마

12장 하나님 앞에서는 엄마도 아이

부지런하고 지혜로운 말씀 엄마

: 엄마의 영적 상황에 좌우되는 집안 분위기

아이에게 말씀을 가르치면서 부족하고 모자란 내 모습에 한숨짓는다. 성령충만하고 나의 영적 상태가 최상일 때는 아이들에게 한없이 유하게 대하다가도, 성령의 공급 없이 영적 상태가 바닥을 칠 때에는 아이들에게 까칠하게 구는 나를 보면서 이렇게 가다가는 아이들 양육은 고사하고 금방이라도 한계에 부딪칠 것 같은 두려움이 생겼다.

그래서 하나님께 지혜를 구하고 책을 통해 계속해서 배우고 성경공부를 통해 말씀을 깊이 알아감으로, 영혼과 마음과 육신이 성장하기를 바랐다.

무엇보다 최우선순위는 성경을 읽고 암송하는 데 두고 있다. 각종 신앙서적이나 자녀교육 서적을 읽을 때는 없는 시간까지 쪼개어 읽는 반면, 진리와 생명이 넘치는 성경을 읽고 암송하는 데에는 등한시했던 것이 사실이다. 이를 반성하며 말씀이 우선이 되는 엄마가 되자는 취지를 새롭게 했다.

엄마는 늘 은혜 가운데 머물 수 있도록 노력하며 깨어 있어야 한다. 내가 영적으로 충만하지 못하면 그 영향이 고스란히 아이들에게 흘러가는 것을 경험하기 때문이다. 가장 먼저 어투가 차가워지고, 아이들의 행동 하나하나에 예민하게 반응하며 쉽게 화를 낸다.

아이가 암송하는 걸 내가 표정 없이 듣고 있노라면 아이는 금방 "엄마 화났어요?" 하고 물어본다. 한번은 조이가 나에게 뭔가 질문을 했는데 대답하는 내 목소리가 딱딱하고 차가웠나보다.

"엄마!"

"왜?"

"화났어요?"

"아니, 왜?"

"화난 것 같아서요."

"아니야. 화 안 났어. 힘들어서 그래."

"그렇구나."

아이는 '엄마는 또 저러다 말겠지' 하는 표정으로 돌아서면서 혼잣말을 한다.

"에이, 화났네 뭐, 목소리 들으니까 화났는데, 뭐. 근데 왜 화 안 났다고 그래."

엄마의 무방비한 영적 상태로 인해 아이들이 우는 사자와 같이 달려드는 세력에 삼킴을 당하지 않도록 은혜와 말씀으로 충만해야 한다. 나 역시 말씀 없이는 바르게 설 수 없는 존재임을 깨닫고 날마다 주실 은혜와 지혜를 기대하며 십자가 앞에 나를 세운다.

근신하라 깨어라 너희 대적 마귀가 우는 사자 같이 두루 다니며 삼킬 자를 찾나니 벧전 5:8

: 나는 복 있는 사람이다

말씀을 내 안에 모셔드리는 거룩한 노동에 참예하고 있는 것에 감사하며 늘 말씀 안에 살기를 소망하는 마음은 변함이 없다. 그러나 가끔은 내 안에 말씀이 있어서 괴로울 때가 있다. 특히 남편과 다투고 난 뒤 분이 나서 씩씩거릴 때 어김없이 암송한 말씀들이 줄줄이 떠오른다.

고린도전서 13장은 왜 그렇게 자꾸 입에서 맴도는지, 분쟁과 시기와 분내는 자는 하나님 나라를 유업으로 받지 못한다는 말씀(갈 5:20,21)과 "노하기를 더디 하는 것이 사람의 슬기요 허물을 용서하는 것이 자기의 영광이니라"(잠 19:11) 라는 말씀은 자주도 지나간다. 마음은 성령님의 뜻에 순종하였는데 행동은 남편이 더 빠르다. 항상 먼저 화해를 청해오는 남편을 보며 나는 아직 갈 길이 멀다는 것을 새삼 실감한다.

그럼에도 불구하고 나는 복 있는 사람이다. 예전에 나에게 있어 말씀은 그냥 말씀이었다. 하나님의 말씀이기 때문에 나름대로 성경도 읽고, 큐티도 하고, 말씀대로 살려고 몸부림도 쳤다. 하지만 큰 변화가 없었던 것을 인정한다.

그러나 나는 복 있는 사람이 되어가고 있다. 성경을 암송하면서 신실하신 하나님의 섭리를 깨닫는다. 말씀이 어찌나 단지, 먹어도 먹어도 너무나 맛있어서 계속 먹고 싶다. 아침 저녁 씹고 또 씹으며 말씀의 복을 누리고 있다. 아이와 함께하는 시간들이 즐겁고 행복하다. 에너지가 넘치고 힘이 마구마구 솟아오른다. 말씀이 내 안에 계신 후에 일어난 일이다. 여호와의 율법을 즐거워하여 그 율법을 주야로 묵상하는 자가 복 있는 사람이라는 말씀 대로 난 정말 복 있는 사람이다. 그래서 나는 행복하다!

: 아이들의 거울이 되자

'생각대로 하면 되고~' 하는 광고 문구처럼 모든 훈련이 생각대로 된다면 얼마나 좋을까. 아무 문제나 고민 없이 쉽고 편하게 양육할 수 있을 것이다.

그러나 하면 할수록, 알면 알수록 어려운 것이 양육인 것 같다. 넘어야 할 산이 너무나 많다. 그중에서도 가장 어려운 것이 부모로서 일관성을 가지는 것과 본을 보이는 삶인 것 같다.

아이들이 마음을 녹이는 애교나 눈물의 호소로 다가올 때 나도 모르게 이성보다는 감성으로 받아들여 일관성을 놓쳐버릴 때가 있다. 이럴 때 아이들은 엄마의 빈틈을 너무나 정확하게 알고 기가 막히게 이용하는 것을 보게 된다.

아이가 힘들어 보이거나, 졸려 하거나, 일이 생겨 가정예배가 너무 늦어질 경우 "조이야, 오늘 힘들지만(혹은 늦었지만) 예배는 드려야 하니까 짧게라도 드리자" 하고 평소보다 짧게 예배를 드리곤 했다.

암송하는 말씀을 몇 소절만 하고 중보기도도 짧게 했다. 예배는 빠지지 않고 드리되 최대한의 배려로 그렇게 한 것이다. 이것을 아이가 잔꾀를 부리며 역이용하는 게 보였다. 멀쩡하다가도 예배 시간만 되면 졸린 눈이 된다.

"엄마, 오늘은 너무 힘드니까 말씀 조금만 하고 짧게 드려요."

그렇게 속아 짧게 예배를 드리고 나면 언제 그랬냐는 듯 살아나서 늦은 시간까지 온갖 에너지를 써가며 노는 녀석 앞에 할 말을 잃었다. 조이의 잔꾀가 발각된 이후 예배는 정도(正道)로 드리기로 마음먹었다. 아이에게도 비장하게 일러두었다. 네가 힘들고 졸려도 할 건 다 할 테니까 꾀를 부려도 엄마에게 통하지 않을 거라고 말이다.

또 먹을 것이라면 남기지 않고 잘 먹는 얘가 밥을 먹다가 배가 아프다며 혹은 배부르다며 못 먹겠다고 한다. 정말 그런 줄 알았다. 그래서 배부르면 안 먹어도 된다고 했다. 하지만 그것 역시 밥에 있는 콩이 먹기 싫어서 나온 행동이었다. 배불러서 못 먹겠다던 얘가 5분도 지나지 않아서 빵과 우유, 바나나까지 죄다 먹어치운다. 관찰 결과 밥을 먹다가 콩이 좀 많이 보인다 싶으면 그러는 걸 알게 되었다. 그래서 '주신 음식을 감사하게 다 먹지 않으면 앞으로 간식 및 좋아하는 반찬 등이 일체 금지'라는 명을 내렸다. 이후에는 힘들어도 끝까지 예배를 잘 드리고, 콩이 들어간 밥도 끝까지 잘 먹는다.

단 한 번의 타협, 단 한 번의 틈으로 훈련이 흐트러진다. 조금의 틈을 보였더니 이 틈을 이용하는 아이의 잔꾀를 보며 백절불굴(百折不屈)의 정신으로 틈을 보이지 말아야겠다고 다시금 다짐을 한다.

아이들이 훈련으로 인한 어렵고 고단한 삶을 피하는 것이 어쩌면 당연한 일인지도 모른다. 그렇지만 어떤 상황에서든지 바른 선택으로 인도할 수 있는 일관성이 모든 훈련에 열쇠가 되는 것 같다. 나 또한 본이 되는 삶으로 아이들을 가르칠 수 있도록 열심히 말씀을 먹고 하나님의 거울 앞에 나를 세운다. 인간적인 힘으로는 도저히 본이 될 수 없기 때문이다.

집에서 텔레비전을 안 보고 산 지 3년이 넘다보니 우리 식구들은 텔레비전이 있는 곳에 가면 옆에서 말을 해도 못 알아들을 정도로 텔레비전에 빠진다.

작년 10월 이사 왔을 때 유선방송을 다시 설치할까 고민했었다. 아이가 매번 똑같은 비디오를 보는 것이 안타까워서 새롭고 다양한 유아 프로그램을 접해줄 요량이었다. 남편에게 말을 했는데, 결론은 '안 된다'였다. 우리 가족의 성향으로 볼 때 많은 시간을 텔레비전에 뺏길 것이 분명하다는 것이다.

그 뜻에 순종하여 여전히 보지 않는다. 그러던 어느 날 첫째에게 비디오를 틀어주려고 텔레비전을 켰는데 우연히 공중파 채널이 두 개가 잡혔다. 잠깐 보다가 조이가 보는 걸 틀어주고 끝날 쯤에 다시 틀어봤더니 때마침 재미있는 프로그램이 나오는 게 아닌가. 지지직거리고 화면이 선명하지 않음에도 불구하고 텔레비전이 나온다는 자체에 흥분한 나는 잠깐 몰입해서 보고 있었다.

"엄마! 엄마는 왜 자꾸 텔레비전만 봐요?"

화난 말투로 조이가 따졌다.

"내가… 언제? 지금 잠깐 봤잖아."

"텔레비전 보면 안 되는데 엄마가 자꾸자꾸 보잖아요! 그러면 암송하고 보세요!"

바로 껐다. 정말 애들 앞에선 찬물로 못 마신다는 말이 맞다. 부모가 아이들에게 예수님의 제자로, 하나님나라의 리더로 살아가기를 요청하고 있다면 부모가 먼저 그런 사람으로 살아야 한다. 이것은 힘들고 어렵지만 절대 포기할 수 없는 일이다.

한번은 휴가를 마치고 집에 돌아와 여독이 풀리지 않아 아침부터 눈도 뜨지 못하고 있는 나에게 지칠 줄 모르는 에너자이저(energizer) 조이가 다가왔다.

"엄마! 배고파요! 밥 주세요!"

"응, 조금만 기다려 10분만 있다가 밥 줄게. 엄마가 너무 힘들어서 그래. 조금만 누워 있을게. 알았지?"

"알았어요!"

조금 시간이 흐른 뒤 조이가 다급하게 부른다.

"엄마, 일어나요. 배고파요! 밥 주세요!"

"미안해. 바나나 먹고 있어. 조금만 있다가 줄게."

"싫어요. 바나나 안 먹어요! 밥 먹고 싶어요."

"조이야, 밥 없어서 해야 되니까 일단 바나나 먹고 있어."

그때 뜬금없이 녀석이 질문을 했다.

"엄마! 엄마도 하나님의 리더예요?"

"그럼, 엄마도 당연히 하나님의 리더지! 왜?"

비몽사몽으로 대답했다.

"그럼 얼른 일어나서 밥해요! 하나님의 리더니깐요! 조이 배고파요. 어서요!"

순간 두 눈이 번쩍 뜨이고 정신이 번쩍 들었다. 하나님의 리더인 엄마는 하나님의 리더인 아들의 허기진 배를 채우기 위해 벌떡 일어나 밥을 지었다.

　엄마인 나 또한 말씀이 체질화, 생활화되어 우선순위의 삶을 살아갈 때 하나님의 말씀을 사랑하는 자로, 하나님이 찾으시는 예배자로, 열방을 품고 기도하는 중보자로, 하나님의 음성을 들으며 즉각 순종하는 자로 쓰임받을 수 있기에 아이들과 함께 깎이고 다듬어지는 이 연단의 시간들을 인내하며 즐기려 한다.

> 내가 네게 명령하는 이 모든 말을 너는 듣고 지키라 네 하나님 여호와의 목전에 선과 의를 행하면 너와 네 후손에게 영구히 복이 있으리라 신 12:28

: 하찮은 약속이라도 꼭 지키기

　아이들은 참 기억력이 좋다. 조이는 내가 생각 없이 쉽게 해버리는 약속이라도 다 기억한다. 가령 바쁠 때 "엄마, 책 읽어주세요" 하면 "알았어, 이따가 읽어줄게" 하고 잊어버리고 있으면 "엄마, 이제 책 읽어주세요! 설거지 다 하셨으니까요" 한다. "엄마, 미끄럼틀 타러 가고 싶어요" 해서 내가 "오늘은 안 되고 아빠 오시면 같이 타러 가자!" 해놓고 잊어버렸는데 며칠 뒤, "엄마, 오늘 아빠 왔으니까 미끄럼틀 타러 가요!"라고 얘기해 나를 뜨끔하게 만든다.

다행히도 아빠가 있을 때 했던 약속들은 아빠가 정확하게 기억하고 있다가 꼭 들어준다. 사소하게 한 약속이라도 아이와 약속했으면 꼭 들어주라는 것이 남편의 철칙 중 하나다. 못 지킬 약속은 아예 하지 말라는 것이다. 그러다보니 약속을 들어줄 때도 꼭 아이에게 얘기해준다.

"아빠가 아까 조이랑 약속한 거니까 들어주는 거예요."

둘 사이엔 내가 모르는 끈끈한 신뢰가 이루어지고 있는 게 분명하다. 약속하고서 자주 잊는 엄마에겐 있을 수 없는 신뢰가 부럽다.

사소하고 하찮은 약속일지라도 부모가 약속을 지키고 들어주는 것을 통해 아이들이 약속이신 언약의 하나님을 볼 수 있기를 바란다. 물론 부모가 하나님처럼 완전할 수 없지만 약속을 지킴으로서 생기는 서로를 향한 신뢰와 믿음은 그 어떤 것과도 비교할 수 없다.

그래서 아이와 약속을 할 때 참 조심스럽다. 이제는 약속을 지킬 수 있을지 없을지 먼저 생각하게 된다. 비록 나에게 사소하고 하찮은 약속일지라도 아이에게는 기대 이상의 것일 수 있다고 생각하면 긴장하지 않을 수 없다. 신실하신 하나님을 본받아 약속을 잘 지키는 엄마가 되리라 다짐해본다.

: 실수에 여유롭게 대처하기

저녁에 밥을 하려고 쌀을 꺼내는데 조이가 하겠다고 거들다가 쌀을 바닥에 다 흘렸다.

"이런, 이거 흘리면 어떡해? 엄마가 한다고 그랬지?"

쌀을 주워 담아 씻고 있는데 갑자기 생각나는 사건이 있었다. 어릴 때 엄마가 저녁을 준비하면서 나에게 고춧가루를 통에 담으라고 하신 적이 있었다. 잘 하다가 실수로 고춧가루를 바닥에 흘리고 말았다.

"이걸 다 쏟으면 어떡하니, 내가 너한테 뭘 시키겠니? 저리 비켜라!"

'잘하려고 하다가 흘린 건데 엄마는 왜 저렇게 화를 내시나' 하고 마음이 상했던 기억이 떠올랐다. 순간 "아차" 싶었다. 아이 나름대로 엄마를 도와주려고 한 행동이 마음처럼 안 따랐던 것뿐인데…. 조이가 어렸을 때 나처럼 똑같이 낙심되었을 거라는 생각이 들었다. 성령님께서 이 사건을 생각나게 해주셔서 감사했다. 다음에 조이가 실수를 하더라도 격려해주자 다짐을 했다.

이튿날, 아이가 우유를 먹는다기에 컵에 따라주고 어린이집 가기 전 말씀을 읽으려고 하는데, 조이가 내 눈치를 슬슬 보며 선뜻 일어나지 않는다. 왜 그러나 하고 봤더니 우유를 바닥에 다 쏟았다. 어제의 일이 갑자기 떠올랐다.

"조이야, 쏟았어?"

"네."

아이는 혼날까봐 내 눈치를 보며 대답했다.

"괜찮아! 닦으면 되지. 다음부터는 조심하자?"

"네!"

금세 아이의 얼굴이 웃음으로 가득해졌다. 어쩌면 잘 흘리고 잘 쏟는 게 나를 닮은 듯하다. 이렇게 한 박자만 늦춰서 얘기하면 되는데 그 순간을 못 참았다. 쏟으면 담으면 되고, 흘리면 닦으면 되고, 떨어뜨리면 주우면 되는데 말이다.

물론 습관처럼 실수를 반복하게 해서는 안 되겠지만 한두 번 있는 일에 화내고 아이에게 상처를 주고, 그런 후에 또 후회하는 일을 반복해왔다. 어릴 때 어른이 실수를 하면 괜찮고, 아이가 똑같은 실수하면 혼이 나야 하는 게 참 비합리적이다 생각했었는데 내가 어느새 그런 어른이 되었다.

'그래. 실수를 하더라도 격려해주어 다음부터 잘 할 수 있도록 도와주자. 그리고 한 박자만 늦춰서 말하자!'

'괜찮아'라는 말 한마디에 희비가 교차되는 아이의 얼굴을 떠올리며 다짐했다.

: 참고, 참고 또 참기

많은 훈련 가운데에서 어려운 것 중 하나가 인내, 곧 기다리는 훈련인 것 같다. 지금 당장 어떻게 해주기를 바라는 것은 아이나 어른이나 똑같다. 아이는 엄마에게, 엄마는 하나님께 말이다. 아이에게 기다림에 대해 가르치면서도 나 역시 잘 안 되는 부분이다.

인내는 "행복한 마음으로 불평하지 않고 기다리는 것"이라고 한다. 하나님이 행하시기를 기다리는 그 시간에 하나님이 우리에게 인내를 가르치고 계심을 잊어버린다는 것이다. 정말 그렇다. 나도 아들에게 자주 이렇게 말한다.

"엄마가 해줄 건데 잠시도 못 기다릴까. 얘가 왜 이러나, 기다려! 기다릴 줄 알아야 해."

결국 얼마 지나지 않아 아이는 원하는 것을 하게 된다. 너무 좋아하면서 말이다. 하나님을 향한 나 자신의 모습을 돌아보지 않을 수 없다. 시간이 조금 흐르더라도 기다림 후에 얻게 되는 은혜들이 너무나도 많다. 하지만 나 역시 잠깐의 그 기다림이 너무나 길게 느껴져서 조바심을 내고 성급하게 굴었다.

첫아이가 기저귀를 뗄 때의 일이었다. 날씨가 풀리기를 기다리면서 일단 후퇴하고 있었는데 아이가 어느 날 갑자기 기저귀를 빼더니 "엄마~쉬" 하면서 쉬통을 찾았다. 첨엔 신기해서 '오늘 하루만 이러려나?' 했더니 아니었다. 외출할 때 혹시나 해서 기저귀를 채웠는데 한 번도 안 싸고 쉬를 가리는 게 아닌가. 불과 한 달 전에 어찌지 못해서 안달했던 내 모습이 떠올랐다. 아이가 갑자기 쉬를 가려주는 것이 신기하고 기특하고 감사했다.

생각해보니 젖을 뗄 때도 그랬던 것 같다. 23개월까지 소신을 가지고 젖을 먹이는데, 주위에서 얼른 끊으라고 난리였다. 그때마다 마음이 많이 흔들렸는데 끊어야 할 때가 되니 자연스럽게 아무런 조치

없이 쉽게 단유(斷乳) 할 수 있었고, 젖몸살 한번 없이 지나갔다.

내 아이에게 맞는 때가 있는데 또래들과 비교해서 조금 늦다 싶으면 걱정되고 조급해지고 서두르는 게 내 모습이다.

인생이든 신앙이든 아이에게 적합한, 분명한 하나님의 때가 있을 터인데 조급한 엄마로 인해 그때를 기다리지 못하고 하나님의 뜻을 가리지 않을지 심히 걱정된다. 서두르지 않고 인내하면서 기다려주는 엄마가 되어야 함을 절실히 느낀다. 그 어떤 잣대나 비교도 하나님이 주신 내 아이만의 특별함 앞에 아무것도 아닐 테니까.

기다림은 끈기 있게 기도하는 사람을 격려해주고 하나님을 더욱 의지하도록 해준다. 온전히 주님을 신뢰하고 기다릴 줄 아는 것은 엄마에게도 꼭 필요한 덕목이다. 아이에게 기다림에 대해 가르치기 전에 행복한 마음으로 불평하지 않고 기다리는 엄마가 먼저 되어야겠다. "인내는 고통의 바다에서만 발견할 수 있는 진주이며, 이 진주는 오직 은혜로만 발견할 수 있고, 물 밖으로 가져나올 수 있으며, 믿음의 목에 걸 수 있다"라는 찰스 스펄전의 말처럼.

: 프로 엄마의 꿈

부족한 초보 엄마에게 두 아들을 맡겨주신 은혜에 감사하며 날마다 좋은 엄마, 지혜로운 엄마가 되기 위해 몸부림치지만 쉽지 않다. 한 분야에 전문가가 되기 위해서는 200권 이상의 책을 읽어야 된다고 한다. 거기에 이것저것 비전문적인 책까지 합하면 '휴' 한숨부터 나온다.

하지만 많은 책에서 말하는 진리는 오직 하나다. 하나님의 공급하심과 하나님의 사랑이 없으면 안 된다는 것과 기도와 말씀이 없으면 헛것이라는 사실이다.

나는 '엄마 박사'가 되고 싶다. 뜨거운 가슴과 냉철한 머리를 가진 현숙하고 지혜로운 엄마, 하나님의 사랑이 철철 넘쳐흐르는 따스한 엄마, 하나님을 경외하여 지식과 지혜가 근본이 되는 엄마, 아이들의 요구에 200퍼센트 반응해줄 수 있는 엄마 말이다.

앞으로 '프로 엄마 되기'에 전부를 걸기로 했다. 그동안 아마추어처럼 살았던 내 삶을 정리하고 프로가 되기 위해 노력하는 프로젝트 말이다. 그런데 아무래도 프로 엄마는 아이들이 다 자란 후에 될 것 같다. 하나님께서 아이들과 함께 나를 훈련하고 다듬어가시기 때문이다.

완전 초보 엄마였던 내가 엄마 면허증을 받고 아슬아슬하게 운전대를 잡았던 게 엊그제 같은데 벌써 두 아이의 엄마가 되었다. 카레이서 수준은 안 되더라도 도로 주행 정도는 할 수 있는 수준에 이르렀다. 본을 보이는 엄마가 되기 위해 열심히 운전대를 잡으리라.

'하나님, 저를 엄마로 불러주셔서 감사합니다. 제가 말씀의 내비게이션을 따라 순종으로 신호를 지키며 당신 안에서 안전한 자녀양육 운행을 할 수 있도록 성령 하나님 함께해주세요.

제가 기도보다 성령보다 앞서지 않게 하시고, 저의 얄팍한 지식으로 감히 하나님의 진리 앞에 도전하지 않게 하시며, 나의 모든 삶이 하나님께 집중되고 경외함으로 날마다 주님을 예배하며 찬양하는 삶이 되게 하소서. 아울러 맡겨주신 두 아들을 주의 교양과 훈계로 잘 양육할 수 있도록 지혜를 더해주옵소서. 예수님 이름으로 기도합니다. 아멘.'

✳ 말씀 엄마 도서관

《성경 먹이는 엄마》 최에스더

세상적인 교육에서 성경적인 교육으로 나를 탈바꿈하게 만든 일등공신 책이다. 이 책을 통해 암송을 시작하게 되었고 말씀으로 아이들을 훈련하고 양육해야겠다는 도전과 은혜를 받았다. 책 안에 소개된 양육 서적들 또한 내게 많은 도움이 되었다. 나에게 엄마라는 직분의 사명과 감사를 알게 해준 고마운 책이다.

《자유 — 마더 와이즈 Mother Wise 시리즈》 드니스 글렌

하루하루 나를 말씀 앞에 세우고 하나님 앞에서 투명하게 살아갈 수 있도록 도와준 책이다. 딸, 아내, 엄마로서의 삶을 말씀으로 정확하게 짚어주서 진리 가운데로 이끌어주는 성경 공부 교재다. 시리즈에는 《자유》, 《지혜》, 《회복》이 있다.

마더 와이즈 프로그램의 목표는 엄마들을 일깨워 예수 그리스도 안에서 신앙을 고백하게 하고, 자신의 신앙을 효과적으로 나눌 수 있는 은혜를 자녀들에게 물려줄 수 있게 하는 데 있다. 성경공부를 통해 예수님과 함께 더욱 성숙된 삶을 살 수 있고, 부모의 역할을 담당하는 데에도 도움을 주는 책이다.

《엄마의 기준이 아이의 수준을 만든다》 장애영

《성경 먹이는 엄마》 이후 체계적이면서 말씀에 빗대어 훈련할 수 있도록 많은 도움을 준 책이다. 무엇보다도 우리가 하고 있는 성경암송 훈련, 순종 훈련, 기도 훈련, 성경 공부, 생활습관 훈련 등 많은 훈련들이 검증되는 책이기도 하다. 이 책을 읽으면서 하나님께서 내가 가고 있는 이 길이 맞다는 확인증을 주시는 것 같아 읽는 내내 유쾌했다.

《삶으로 가르치는 것만 남는다》 김요셉

김요셉 목사님의 삶과 중앙기독초등학교 가운데 행하신 하나님의 손길에 많은 감동과 은혜를 받았던 책이다. 삶으로 가르치는 것은 그 어떤 교육보다 확실하고 아이들에게 선명한 자국을 남길 수 있는 것 같다. 부모는 자식의 거울일 수밖에 없는 것들을 이 책을 읽으며 깨닫게 되었다. 우리 아이들도 하나님이 예비하신 좋은 학교에서 교육받게 하고 싶다는 소망이 생겼다. 감동과 드라마가 있는 아름다운 책으로 읽는 내내 가슴 가득히 따스함을 느꼈다.

《마리아와 요셉의 자녀양육》 릭 오스본

읽어보면 진가를 알 수 있는 책이다. 한 장 한 장 읽으며 고스란히 내용을 머릿속에 저장하고 싶었던 책이다. 하나님의 말씀 안에 담겨진 실제적이고 성경적인 50가지 자녀양육법을 소개한다. 다양한 양육에 대한 가르침과 원리를 깨달아 적용할 수 있도록 큰 도움을 준 책이다.

하나님 앞에서는 엄마도 아이

: 하나님의 사랑을 통해 부모의 사랑 알기

사랑한다는 말을 곧잘 하는 조이는 놀다가도 "엄마 사랑해요!" 하는 말을 스스럼없이 한다. 그런데 한동안은 잘못한 일이 있으면 와서 "엄마 사랑해요" 하기에 이야기를 해주었다.

"조이야! 엄마는 조이가 잘 하든 못하든 조이를 사랑해! 잘못했다고 혼날까봐 엄마한테 사랑한다고 얘기 안 해도 괜찮아."

"정말요? 조이가 말 안 들어도 엄마는 조이를 사랑해요?"

"당연하지! 엄마는 조이가 말을 잘 들어도 사랑하고 안 들어도 사랑해."

"왜요? 말 안 듣는데 왜 사랑해요?"

"너는 엄마 아들이니까. 그래서 무조건 사랑하는 거야. 말을 듣든 안 듣든, 잘못을 하든 안 하든 엄마는 조이를 너무너무 사랑해! 하나님도 예수님도 그렇게 우리를 사랑해주시는 거야."

이렇게 말하고는 꼭 안아주었다. 그랬더니 이제 엉뚱하게 묻는 일이 많다.

"엄마, 엄마는 조이가 말 안 들어도 조이 사랑하죠?"

그렇다고 대답을 해주면 "엄마는 조이가 말을 안 들어도 사랑하니까 말 잘 들을 거예요" 하며 씨익 웃고 돌아선다.

그러던 어느 날이었다. 조이가 퍼즐 맞추기를 한참 하고 있는데 온유가 와서 퍼즐을 못하게 방해를 했다.

"온유야, 형아 퍼즐 하잖아! 엄마, 온유가 자꾸 방해해요!"

"조이야, 온유가 형아랑 같이 하고 싶어서 그런 거니까 조이가 하나 줘!"

어렵게 퍼즐을 건네주고는 "온유야! 온유가 형아 퍼즐 못 하게 해도 형아는 온유 사랑해! 알았지?" 한다.

사랑은 이렇게 배우는 것 같다. 부모는 하나님께로부터 사랑을 배우고, 아이들은 부모에게 사랑을 배우고, 동생은 형에게서 사랑을 배운다. 하지만 그 반대가 될 수도 있다. 아이들이 하나님의 사랑으로 부모에게 사랑을 베풀 수도 있는 것이다.

우리 부부는 떨어져 있을 때도 무료 통화 요금제 덕분에 요금 걱정 안 하고 수시로 통화를 했다. 남편이 집에 오는 날도 무슨 할 얘기가 그리도 많은지 밤에 둘이 수다 떠느라 새벽에 잠이 들기도 했다. 어느 날은 저녁을 함께 먹으며 이야기를 나누는데 남편이 집중해서 하는 기도가 있다고 했다.

내용인즉슨 두 아이들이 부모님을 통해서 하나님의 사랑을 알아가는 것이 아니라 하나님의 사랑을 통해 부모의 사랑을 알았으면 한다는 것이었다.

인간은 완전하지 못하다. 완전하지 못한 부모를 보며 하나님을 단정 짓는 그릇된 생각을 범할 수 있기에 하나님을 통해 부모가 다소 부족하더라도 용서하고 이해할 수 있는 하나님의 사랑을 품는 아들이 되기를 기도한다고 했다.

예전에 DTS 훈련을 받을 때 '아버지의 사랑과 다림줄'이라는 강의를 통해 많은 사람들이 육신의 아버지를 통해 그릇된 하나님 상(像)을 품고 있는 것을 보았다. 나 역시 그랬다. 하나님의 성품은 우리가 생각하는 것보다 훨씬 깊고 넓고 무한한데 인간의 짧은 생각과 경험으로 하나님을 단정 짓는 오류를 범하게 되는 것이다. 하나님은 그런 분이 아니신데 말이다.

아이들이 하나님의 성품에 참여하는 자가 되길 간절히 기도한다.

주님이 인생의 빛이시며, 산성이시고, 바위시고, 능력이심을 고백하고 증거하는 자녀가 되기를, 말씀 속에 지혜와 지식, 사랑과 평안이 있으며, 주님의 인도하심을 깨닫게 되기를, 그래서 복 있는 사람이 되기를 기도한다.

：자녀를 통해 아버지의 마음 알기

조이가 스스로 옷을 벗다가 손이 미처 빠져나오지 않은 상태에서 중심을 잃고 앞으로 넘어졌는데 앞에 놓여 있던 장난감에 그대로 머리를 부딪히고 말았다. 눈두덩이 옆쪽이 찢어져 여섯 바늘을 꿰맸다.

아이의 얼굴에서 피가 흐르는 것을 보고 속이 많이 상했다. 남편 역시 마음이 많이 상했는지 아무 말도 않고 운전대를 잡고 있었다. 성형외과가 없는 응급실이 있어 세 군데를 들러서야 처치를 받을 수 있었다.

다른 때 응급실로 향하던 길에는 자기를 혼내든지 달래주든지 했을 아빠가 아무 말도 하지 않고 있으니 아이가 이상했는지 뒷좌석에 앉아서 소리 없이 울고 있다가 말했다.

"아빠, 죄송해요! 조이가 아빠 마음 속상하게 해서 죄송해요. 앞으로는 조심할게요. 아빠 정말 죄송해요!"

다 큰 아이 같은 말을 하더니 꺼이꺼이 울었다. 그 모습을 보고 남편이 말했다.

"아빠가 조이에게 화가 나서 그런 게 아니고 마음이 아파서 그런 거야. 네가 아프면 엄마 아빠 마음이 너무나 아파. 엄마 아빠 마음이 이렇게 아픈데 하나님께서는 얼마나 아프실까. 너무 속상하다. 조이야, 아빠가 못 지켜줘서 미안해. 정말 하나님이 지켜주시지 않으면 우리는 한시도 안전할 수가 없단다. 눈 안 다쳐서 정말 감사하다."

"죄송해요, 아빠."

"아니야, 아빠가 미안해!"

남편 눈가에 눈물이 맺혀 있는 게 보였다. 새벽 2시쯤 집으로 돌아와 잠든 아이들을 보니 안쓰러웠다. 이것이 부모의 마음인데 하물며 우리를 보시는 아버지의 마음을 어떠실까 생각하니 가슴이 저며왔다.

아이들을 보면서 하나님의 마음을 참 많이 알게 되고 배우게 된다. 물론 아버지의 사랑에 비하면 우리의 사랑은 조족지혈(鳥足之血)이겠지만 말이다.

둘째가 처음 말을 하기 시작할 때, 남편이 집에 오면 온유를 앉혀 두고 으레 하는 일이 있었다.

"온유야! '아빠' 해봐. 아빠! 아빠!"

우리가 뚫어지게 쳐다보고 있다가, 온유가 너무나 부드러운 목소리로 '아빠' 하고 불러주면 나를 포함해 조이까지 '온유가 아빠라고 했다'며 탄성을 질렀다. 거기에 온유가 미소라도 지어주면 기뻐서 어쩔 줄 몰랐다. 아이가 대단한 일을 한 것도 아니고 단지 '아빠'라고 부른 것밖에 없는데 말이다.

　우리가 어떤 일들을 하지 않아도 아버지의 눈에는 한없이 사랑스런 존재라는 것을 다시 깨닫는다. 오늘도 '아빠'라고 불러주기를 기다리고 계시는 아버지께 조용히 고백한다.

　"아빠, 아버지, 사랑합니다. 감사합니다. 찬양합니다."

　독생자를 아낌없이 우리에게 내어주셨던 그 사랑이 바로 내 안에 있다. 이 사랑으로 아이들이 믿음 안에서 잘 자라도록 가꾸어준다면 상상할 수조차 없는 놀라운 일들이 일어날 것임에 틀림없다. 아이들에게 절대적으로 필요한 건 그 어떤 것보다 사랑이다. 아들을 내어주신 하나님의 사랑과 무조건적인 엄마의 사랑 말이다.

> 사랑하는 자들아 우리가 서로 사랑하자 사랑은 하나님께 속한 것이니 사랑하는 자마다 하나님으로부터 나서 하나님을 알고 사랑하지 아니하는 자는 하나님을 알지 못하나니 이는 하나님은 사랑이심이라
> 요일 4:7,8

: 엄마의 기도를 기다리시는 하나님

　얼마 전 우리 가정의 제사장인 남편에게 권면의 한마디를 들었다. 나의 아이들을 향한 노력과 열정에 격려와 박수를 보내지만, 그에 비해 기도가 많이 부족하다는 것이었다. 모든 열정에 기도가 더해진다면

지금보다 더 많은 열매와 은혜가 있을 것이라는 조언이었다. 육아와 살림을 핑계로 기도 시간이 짧아진 게 사실이었다. 정곡을 찌르는 말에 뜨끔했다.

내가 남편이라면 "기도 좀 하지 그래?" 하며 단도직입적으로 말했을지도 모르겠다. 하지만 남편은 내 입장을 충분히 고려하고 이해해주며 조심스럽게 권면해주었다. 정곡을 찌르는 말이었지만 결코 기분 상하지 않은 사랑의 권면이었다. 기도 없이 행하는 모든 일들에 하나님의 역사가 나타날 수 없다는 남편의 말을 듣고, 함께 기도하기로 약속했다.

5살이 되면서 자기 의사 표현이 강해진 첫째. 되도록 아이의 의사를 존중해주려고 하지만 진리가 아닌 것에 삐치고 고집을 피울 땐 여지없이 가지치기를 시행한다.

한동안 잘 순종하던 아이가 요즘 들어 말끝마다 토를 달고 자기 항변에 나선다. 더 이상 말로는 안 되는 시점이 왔나 싶어 기회만 보고 있다가, 기도하겠다는 남편과의 약속이 떠올라 아침에 시간을 정해놓고 기도를 시작했다. 부모에게 순종하는 부분에 대해 기도한 날 아침이었다. 아침 식사를 준비하고 있는데 아이가 일어나서 거실로 나왔다.

"엄마, 안녕히 주무셨어요? 조이도 잘 잤습니다. 쉬하러 다녀오겠습니다."

'엥? 쟤가 무슨 일 있나?'

"엄마, 밥 먹고 말씀 읽고 암송하고 어린이집에 가야 되니까 밥 주세요."

"조이야, 아직 밥 다 안 됐으니까 아빠한테 말씀부터 읽어달라고 해."

"네. 알겠습니다! 아빠 말씀 읽어주세요."

보통 아침과는 사뭇 다른 아이의 행동에 조금 놀랐다. 아침에 순종에 대한 기도를 하게 하신 이유가 있었다.

엄마라고 때로는 강압적으로 때로는 무력으로 아이들의 고집을 꺾었다. 하지만 가장 빠른 변화를 가져올 수 있는 것은 하나님의 움직이심밖에 없음을, 엄마의 기도를 기다리시는 주님의 뜻을 다시금 실감했다.

'아버지! 죄인으로 죽을 수밖에 없는 제 영혼을 생명 가운데 이끌어주시고, 태초부터 모든 것들을 계획하시고 지금까지 인도하신 주님을 찬양합니다. 진리되시고 생명되신 당신 안에 내가 거할 때 생명과 경건에 속한 모든 것을 주신다 약속하신 주님, 나는 할 수 없지만 내 안에 계시는 주님은 할 수 있음을 믿습니다.

나를 내려놓습니다. 제가 하려고 하지 않겠습니다. 내 안에 거하시는 주님께서 움직이시도록 완전히 나를 주님께 드리겠습니다. 나의 주도권을 포기합니다. 내 삶의 주도권, 엄마로서의 주도권, 아내로서의 주도권, 나의 모든 주도권을 주님께 온전하게 맡깁니다. 나를 통해 모든 과업이 성취되도록, 하늘의 뜻이 땅에 이루어지도록 성령님, 내 안에서 움직여주세요. 순종함으로 나아갑니다. 예수님의 이름으로 기도합니다. 아멘.'

저 · 자 · 의 · 말

주님의 인도하심대로 키우기

어느 날 조이가 영어 암송을 하고 싶다고 해서 좀 더 쉽고 재미있게 영어 암송도 하고 영어를 배울 수 있도록 도움을 얻고자 유아영어 사이트에 들어가게 되었다.

영어 하나만으로도 어릴 때부터 엄청나게 아이에게 공을 들이고 노력하는 엄마들의 모습에 놀라지 않을 수 없었다. 게시판을 둘러보고 나오는 말은 "정말 대단하다"였다. 여기저기 사이트를 둘러보니 교육열 1위인 나라답게 엄마들의 욕심과 아이들을 향한 포부가 도를 넘어 있는 건 사실이었다. 영재가 나와도 수천 명은 나올 것 같았다. 그걸 보면서 몹쓸 욕심이 순간 생기기도 했지만 이내 마음을 접었다.

이런 환경 가운데에서 어떻게 이기고 헤쳐나갈 것인가 생각하니 '한 가지에 미치는 것'만이 해결책이었다.

다행히도 그것이 '말씀'이라는 진리는 이미 깨달았다. 이제는 완전히 미치는 것이 관건이다. 역시 해답은 '단순한 삶(Simple life)'이다. 말씀만 바라보고 가면 불필요한 잔가지들은 신경쓰지 않아도 된다.

세상 사람이든 믿음의 사람이든 똑같은 시작 선에 서 있다. 하지만 결승선에 이르렀을 때 최후의 승자는 이미 나와 있다.

> 네가 네 하나님 여호와의 말씀을 삼가 듣고 내가 오늘 네게 명령하는 그의 모든 명령을 지켜 행하면 네 하나님 여호와께서 너를 세계 모든 민족 위에 뛰어나게 하실 것이라 신 28:1

믿음의 1대인 나는 아름다운 믿음의 가정을 이루는 것이 제1 소망이었고 간절한 기도제목이었다. 하나님의 은혜로 동일한 비전을 품었던 남편을 만났고 믿음의 유업을 이어나갈 수 있었다.

2003년 2월 6일. 태평양 건너 아름다운 하와이 땅 코나에 남편과 함께 타임캡슐을 묻었다. 그곳에서 미션 빌더(mission builder, 자원봉사)로 섬기며 노년을 아름답게 보내는 부부들을 보고 우리의 미래를 그려보기도 했다. 아이들을 하나님이 찾으시고 원하시는 사람으로 잘 세우고 유업의 바통을 넘기면 둘이 처음 만났던 이곳으로 돌아와 하나님 나라의 리더로 훈련받는 사람들을 섬기는 미션 빌더로 멋지게 황혼을 맞이하자고.

또 하나의 소망은 우리 가정을 통해 믿음의 가정에 대한 소망을 품는 가정이 생겼으면 하는 것이다. 지금의 모습으론 부족한 게 많지만 조금씩 성숙되고 다듬어져가는 우리 가정이 귀한 축복의 통로가 되어질 줄 믿는다.

모든 것을 주 안에서 말씀대로 행하며 순종하며 말씀으로 아이들을 양육하고, 주님 주신 무한한 사랑으로 서로를 사랑하고 아끼며, 하나님 주신 소명과 비전을 잘 감당하는 믿음의 가정을 실현하기 위해 오늘도 나를 주님의 십자가 위에 내려놓는다. 내 노력이나 계획이 아닌 주님의 인도하심대로.

백은실

말씀 심는 엄마

초판 1쇄 발행 2009년 4월 10일
초판 34쇄 발행 2025년 11월 24일

지은이 백은실

펴낸이 여진구
책임편집 김아진
편집 이영주 진효지 최현수 구주은 안수경 김도연 배예담
책임디자인 마영애 노지현 조은혜 정은혜 남은진
마케팅 김상순 강성민
제작 조영석 허병용
마케팅지원 최영배 정나영
경영지원 김혜경 김경희 김영하

303비전성경암송학교 유니게 과정
이슬비전도학교 / 303비전성경암송학교 / 303비전꿈나무장학회

펴낸곳 규장

주소 06927 서울시 서초구 매헌로 16길 20(양재2동) 규장선교센터
전화 02)578-0003 팩스 02)578-7332
이메일 kyujang0691@gmail.com 홈페이지 www.kyujang.com
페이스북 facebook.com/kyujangbook 인스타그램 instagram.com/kyujang_com
카카오스토리 story.kakao.com/kyujangbook
등록일 1978.8.14. 제1-22

ⓒ 저자와의 협약 아래 인지는 생략되었습니다.
이 출판물은 저작권법에 의해 보호를 받는 저작물이므로 무단 전재와 무단 복제를 할 수 없습니다.

책값 뒤표지에 있습니다.
ISBN 978-89-6097-107-3 03230

규 | 장 | 수 | 칙

1. 기도로 기획하고 기도로 제작한다.
2. 오직 그리스도의 성품을 사모하는 독자가 원하고 필요로 하는 책만을 출판한다.
3. 한 활자 한 문장에 온 정성을 쏟는다.
4. 성실과 정확을 생명으로 삼고 일한다.
5. 긍정적이며 적극적인 신앙과 신행일치에의 안내자의 사명을 다한다.
6. 충고와 조언을 항상 감사로 경청한다.
7. 지상목표는 문서선교에 있다.

하나님을 사랑하는 자 곧 그의 뜻대로 부르심을 입은 자들에게는 모든 것이 合力하여 善을 이루느니라(롬 8:28)

규장은 문서를 통해 복음전파와 신앙교육에 주력하는 국제적 출판사들의 협의체인 복음주의출판협회(E.C.P.A:Evangelical Christian Publishers Association)의 출판정신에 동참하는 회원(Associate Member)입니다.